夜泣きが止まる本

子どもも親も
毎日ぐっすり眠れる！

菊池清
兵庫県立リハビリテーション中央病院
子どものリハビリテーション・
睡眠・発達医療センター長

風鳴舎

はじめに

眠りは、生きていくために必要な生理的活動です。眠っている間にも、脳と体は働いています。記憶の整理、体内老廃物の処理、修復や再生、成長や発達などに関連する活動が行われています。睡眠時間が不足すると、脳と体のメインテナンスが適切に行われず、体内時計の乱れも伴い、脳と体の機能が低下し、失敗や出来ないことが増えて自己評価を下げ、自分らしさを失ってしまいます。このような眠れないことによる影響は、大人も、子どもも同じです。

乳幼児では、起き続ける力も眠り続ける力も未発達で、眠りの質が大人と異なり、眠るのが上手ではありません。眠りたいのに眠れないことが起こると、その不愉快さを泣くことでしか表現できないので、夜泣きが起こります。また、眠るのが上手でない程度にも個人差があり、同じような世話をしても眠れる子と眠れない子がいるので、周囲の大人を戸惑わせます。〝ひどい夜泣き〟（乳幼児慢性不眠障害）にまで進行すると、言葉の発達などが遅れ、本人が自己評価を下げる契機になります。世話をするお母さんも不眠症になり、辛い状況に追い込まれます。この〝ひどい夜泣き〟（乳幼児慢性不眠障害）に苦しみ奮戦しているお母さんの姿が、「夜泣き外来」開設を私に決断させました。ご自身の体力と睡眠を削って、心身ともに衰弱しても、子どもに一生懸命に向き合う母親の姿です。命をつなぐ、重要な役割を担わされた女性の素晴らしさに圧倒されました。

「夜泣き外来」の診療の中で、乳幼児の眠りの特徴と眠りを育てる生活習慣について広く啓発する必要性を感じました。また、辛い状態のお母さんを減らしたいと思ったのが、この本を作成した動機です。〝ひどい夜泣き〟（乳幼児慢性不眠障害）を未然に防ぐために、出産前の両親の学びに使用できるもの、子育て中の家庭での工夫の助けになるもの、保健師による育児相談や乳幼児健診で活用できるもの、保育園・幼稚園・認定こども園などの子どもに関連する施設で利用できるもの、当事者にも支援者にも使える「夜泣きが止まる本」を考えました。

本書の第1章では、夜泣きの原因と小児科医に相談すべき〝ひどい夜泣き〟の基準を示しました。第2章では、夜泣きの理解を深めるために、赤ちゃんの体の仕組みを解説しました。第3章では、夜泣きの予防と対処法として「乳幼児の眠りを育てる12箇条」を提案し、年齢別の実践の目安を巻末付録につけました。第4章では、夜泣きで困った場合の具体的な対応（小児科受診の目安など）について解説しました。第5章は、両親に知っていただきたい子育ての心得、「子育ちの5原則」について解説しました。本書を効率よく利用されたい方は、第3章と第4章を読み、巻末付録の年齢別「乳幼児の眠りを育てる12箇条」のチェック表を使って点検してください。「乳幼児の眠りを育てる12箇条」の実践は、〝ひどい夜泣き〟（乳幼児慢性不眠障害）の予防や軽症化だけでなく、子どもに望ましい生活習慣をつけることに役立つと考えています。

本書により、夜泣きに対する理解が深まり、眠れないことで苦しむ乳幼児とお母さんが少しでも少なくなることを願っております。

出版にあたっては、風鳴舎の青田恵社長の深いご理解と温かい励ましがありました。そして、兵庫県立リハビリテーション中央病院　子どものリハビリテーション・睡眠・発達医療センターの夜泣き外来の同僚に心より感謝致します。

２０２０年6月　菊池　清

目次

第１章
夜泣きとは

〝夜泣き〟とはそもそも何でしょうか

夜泣きとはいったい何でしょうか。なぜ、夜泣きは起こるのでしょう。夜泣きの定義は、国や地域、研究者によって異なりますが、私は**生後6か月以上で4歳未満の子**を対象にとらえ、**夜間に泣き出し、眠らないでぐずり続ける状態を〝夜泣き〟**ととらえています。

生後6か月未満の赤ちゃんでは、夜間に泣いて起きることや夜間に授乳することは、体の仕組みとして避けることができません。それは、眠り続ける力や目覚め続ける力が十分に育っていないだけでなく、食べる力も育っていないからです。赤ちゃんの胃は小さく、一度にたくさんの母乳・育児用ミルクは入りません。乳首を吸う力にも個人差があります。胃に入った液状の母乳や育児用ミルクは速やかに腸へ移動し、短時間で胃は空っぽになります。胃が空っぽになると空腹を感じ、眠っていても目が覚めて、泣いて授乳を求めます。

生きていくためには、「眠る」ことよりも「食べる」ことを優先する体の仕組みがあります。そのため、赤ちゃんの要求に合わせて幾度も授乳をすることになります。

通常は、一回に飲むことができる授乳量は次第に増えて、生後1〜2か月ころはおよそ3時間ごと、生後3〜5か月ころは4時間ごとくらいの授乳間隔になります。そして、生後5〜6か月ころには胃腸で消化・吸収する力が育ち、子どもの様子をみながら離乳食を始めることができます（２０１９年三月改定の「授乳・離乳の支援ガイド」[1]）。生後6〜7か月ころに乳歯が生え始め、口で噛む力が育ち始めます。

同時に、**首がすわる生後3〜4か月ころには、昼と夜の繰り返しの明暗リズムにあわせて、体の仕組みが次第に変化し、夜に眠り続ける力が育ちます。**一回の授乳量が増えることもあり、生後6か月ころまでには夜間の授乳回数は少なくなり、途中で起きずに、まとめて6時間くらい眠るようになる子がどんどん増えてきます。

しかし、そういう時期に入ったにも関わらず、生後1〜2か月のような睡眠の状態で、夜間に何度も目が覚めてしまう、目が覚めた後も寝付きが悪くてなかなか眠ってくれない、赤ちゃんは眠たいのに眠れない状態ですが、言葉で表現するすべもなく、母親（保護者）の側も赤ちゃんの状態が十分に理解できない、いわゆる〝夜泣き〟が起こります。

そして、夜に眠れないだけなく、**眠れない状況に伴う困難さや辛さ、これが同時に起こることで、医学的に睡眠障害の状態にある**、ということになります。すなわち、眠れないことで、子どもが日中に眠たそうであったり、不活発であったり、機嫌が悪かったり、呼びかけてもボーっとしていたり、遊びに集中できなかったり、昼寝をし過ぎたりします。親にとっては、夜に何度も起きるし、日中に機嫌が悪かったりして、育てにくさを感じる状態です。このような眠れない状態が、**他の病気がないにもかかわらず、1週間に3日以上の割合で、3か月程度続く**（もしくは続きそうな）場合が小児科医に相談する〝ひどい夜泣き〟の目安と考えています。

特に、親にとって初めての子どもの場合、1歳までの期間というのは、細切れに起きなければならない状況がしばしば起こります。眠る習慣のできている大人が細切れに起きなければならない状況というのは、辛いです。また、もともと眠るのが得意でない親の場合には、一度目覚めてしまうと眠れなくなることがあります。そのようなことで、子育てに慣れていない親にとっては、「子どもが寝てくれない」という印象を持つ状況が出てきやすいようです。

親からみたら気になる睡眠状態であったとしても、赤ちゃんの方は単純に眠りが未発達なだけで、今、これから睡眠のリズムを獲得しようとしている段階であるわけです。1歳を過ぎても大人のようには眠れません。

眠りは脳がつくるのですが、その脳の機能や構造が生後2か月ころ、生後6か月ころ、そして2～3歳ころを節目として発達していく変化を、脳波やMRI検査で確かめることができます。2～3歳ころまでは、夢を見ることが多く、睡眠の質が大人とはかなり違います。(2) ですから、親にとって気になる眠りであっても、子どもの状態が昼間に機嫌が良く、眠そうでなく、活発でしっかり遊ぶことができるのならば、それは医学上、睡眠障害が起きているとはいいません。

しかし、そうは言っても、気になる眠りは親を不安にさせます。そこで、第3章と第4章には、気になる眠りを含めた、あらゆる〝夜泣き〟に役立つポイント、そして、**〝ひどい夜泣き〟**の予防や小児科医を受診する目安について記載しました。

それでは、子どもの体と脳に負担になる〝ひどい夜泣き〟とはどのようなものなのでしょうか。

〝ひどい夜泣き〟（乳幼児慢性不眠障害）とは

生後6か月を過ぎたにもかかわらず、夜に眠ることができなくて、昼間の状態もちょっと困った状態になっているようでしたら、そこで初めて医学上の問題にすべき〝ひどい夜泣き〟ということになります。

昼間の困った状態というのは、例えば、ボーっとしていて活動が活発ではない、機嫌が悪くかんしゃくを起こしやすい、食欲がない、といったようなことです。先ほども書きましたが、**眠らないというだけでは問題にはなりません。眠れない状況に伴って、困難さや辛さが同時にある**ことが医学的に睡眠障害の状態にあるということです。〝ひどい夜泣き〟のことを、「**乳幼児慢性不眠障害**」といいます。その症状と判断基準を次の表にまとめました。

生後6か月を過ぎた乳幼児で、睡眠障害のために眠くて頭がボーっとしていて、本人にやる気がないとか、不満をいだいているというのはわかりにくいです。ですから私は、「**保護者自身が育てにくさを感じている」ということも大事な診断の基準**としています。医学書にはここまでは書いてはありませんが、子どもの夜泣きは親の状態も含めた環境要因が大きく影響するものです。ですから私はこの部分を大切にしています。

小さい子どもの場合は、疲労感や倦怠感を言葉で伝えることはできません。乳幼児を客観的に把握するという場合、昼間に不機嫌だったりとか、かんしゃくが起こりやすかったりとか、ボーッとしていて呼びかけても反応がないとか、そんな様子から判断をすることになってきます。

睡眠が足りないと離乳食がすすまなくなったり、遊びもいま一つ集中できず、注意力散漫になったり、転びやすかったりします。また、学ぶ力や覚える力にも影響します。同年齢に比べて、言葉の遅れや発達段階での出来ることが少ないことなどから親を心配させます。「保護者の育てにくさ」は、こういう部分の日々の積み重ねでもあります。

夜寝ていないから、昼寝をします。でも、なかなか日々のリズムが整わない形の昼寝になってしまうことがあります。どういうことかというと、夜にしっかり眠れている場合は、満1歳に近づくにつれて午前中一回、午後一回という形の昼寝になっていきます。1歳6か月を過ぎると午後一回の昼寝になり、4歳ころには昼寝を必要としなくなる子が多くなります。しかし、リズムが整わない子の場合は、小刻みに寝て、寝た後には少し元気になりはするけれど、少しの間目覚めて遊んでいたと思ったらまた寝てしまう、そういう繰り返しの状態が続くことがあります。きちんと眠れていないわけですから、そういうループから抜け出せないわけです。

“ひどい夜泣き”（乳幼児慢性不眠障害）の症状と判断基準

以下の１～３を満たすものが“ひどい夜泣き”（乳幼児慢性不眠障害）

□1、生後6か月以降の乳幼児

□2、A 項目が1つ以上あって、B 項目に該当するものがある

□3、上記2が週3日以上あり、3か月以上続いているか続きそうか

A、夜間睡眠困難の症状

□①寝つきが悪い（眠るまで20分以上かかる）

□②途中で目覚める（再び眠るまで20分以上かかる）

□③朝の早すぎる目覚め（望まれる時刻より30分以上早い）

□④寝室に入ることを嫌がる（ぐずる）

□⑤保護者がいないと眠れない

B、夜間睡眠困難に関連する「気になる症状」

□①昼間に眠そう、昼寝をよくする

□②昼も夜も眠ることを嫌がる

□③疲れやすい・身体がだるそう

□④不活発

□⑤機嫌が悪い

□⑥かんしゃくをよく起こす

□⑦頭をぶつけたり、髪をぬいたりする

□⑧母親から離れて遊べない

□⑨意欲がなさそう

□⑩ボーっとしていることがある

□⑪根気がない

□⑫転びやすい

□⑬落ち着きがない

□⑭注意散漫

□⑮言葉の遅れ

□⑯運動発達の遅れ

□⑰離乳食・食事がすすまない

□⑱保護者が育てにくさを感じる

（睡眠障害国際分類第3版（３）を参考にして著者が作成）

親も子どもも眠れない

夜泣き外来をしていて思いますが、日中のダラダラ続く子どもの眠気と、保護者の育てにくさ、その両方が夜泣きの悪循環をつくりだし、さらには子育て自体を難しくしているように感じます。

ひとくくりに夜泣きをする子といっても、状況はいろいろです。夜に寝るのが下手な子は、昼寝も少ない場合が結構多くあります。夜寝ていないのに、昼寝もあまりしようとしない。眠れない。その一方で、反対に、昼間もダラダラと寝て、そして起きては泣いてを繰り返す子もいます。

例えば、当院の「夜泣き外来」を受診した子どもの睡眠日誌をみますと、夜中にポツポツと寝て、朝は起き、昼間は寝ていない。記録を取らないとわからないことですが、眠りにつく時刻もバラバラでいろいろな時間に寝ついている。寝つきも悪くてまったく寝てくれない。やっと寝たとしても午前1時や2時に起きてしまって、3時、5時、6時と毎時間のように起きている。親が眠っている時間に起きてしまえば、子どもは一人でいるのが寂しくなって泣くわけです。子どもの夜泣きで親も起きますし、子どもによっては親を起こそうとしたりもしますので親も眠れません。

こういったことは、やはり、機嫌の悪さにつながっていきます。かんしゃくを起こしやすくなります。寝つきの悪さと短時間の睡眠、寝たとしても続けて寝てくれない。それからあまりにも早く起きすぎる。眠たいのだけれど、眠れない。それで子どもはいちばん身近にいる母親にまとわりついていきます。睡眠不足のために、体がだるく疲れやすいので、一人では遊ばなくなります。母親にくっつきます。そうすると、母親もまた抱っこをしなければならなくなる。家事どころではなくなります。**これは子育ての困難さ・辛さを伴う夜泣きですから、問題となる〝ひどい夜泣き〟（乳幼児慢性不眠障害）です。**

夜泣きがひどいと、まず母親が眠れなくなります。次に家族も眠れなくなり、時には近所にまで影響が及びます。母親が心理的にノイローゼになることさえ出てきます。

当事者でない人は、「赤ちゃんは泣くもの」、「泣くのは赤ちゃんの仕事」、「夜泣きしない赤ちゃんはいない」、「夜泣きは知恵がついてきた証拠」、「子育ては体力勝負」などとよく言われます。程度の差はあるのですが、**子を持つ親の30%くらいの人が子どもの気になる夜泣きを経験すると言われています**。しかし、その中でも眠ることが上手でない体質の子どもの夜泣きは激しいものです。核家族化した現代では、母親一人にその負担がのしかかり、母親も寝不足になって冷静な判断ができず、疲れ果てた母親が当院の「夜泣き外来」を訪れます。

それでは、次に事例を通して、〝ひどい夜泣き〟(乳幼児慢性不眠障害)の大変さと眠ることの大切さ、その原因を考えていきましょう。

〝ひどい夜泣き〟（乳幼児慢性不眠障害）の事例

まずは、〝ひどい夜泣き〟の典型的な事例です。

事例1：〝ひどい夜泣き〟の2歳3か月の男児

疲れた表情の母親が子どもを連れて受診しました。両親と子どもの三人家族。両親の実家は遠く離れていました。父親は仕事で忙しいとのことでした。「生まれてから今まで、まとめて眠れた日がありません。寝る前の決まり事（入眠儀式のこと：眠りにつくときに毎日行う儀式のような習慣）を導入していますが、なかなか眠ってくれません。やっと眠ってくれても、夜中に幾度も起きて、ぐずったり泣いたりです。

私がそばにいないと大泣きをします。私の体に触れると安心するようです。大抵は乳首を含ませると眠ってくれますが、時には起きて1時間程度遊ぶこともあります。1歳を過ぎてから、夜間の断乳を2回ほど試みました。しかし、激しく泣き続けたため、子どものこころと体に好ましくないと考え、断乳できませんでした。

昼間は眠気のせいか、よくぐずります。かんしゃくをしばしば起こします。昼寝の時間は長くなく、眠りが浅いように思います。食事は時間がかかり、外遊びを心掛けていますが、砂を触ることを嫌います。母親から離れて遊ぼうとはしません。遊具や柱などに体をよくぶつけ、ころぶことも多く、ケガも多いです。

言葉の遅れを心配しています。理解力はありますが、発語は意味のある単語が5つ程度です。」

この子どもは、通常の診察では異常はありませんでした。身長と体重は小柄でしたが、個人差の範囲内（25パーセンタイル程度※）でした。受診前に、自宅で睡眠日誌を2週間記録してもらいました。睡眠日誌とは、毎日睡眠した時間帯を塗りつぶして記録する次の図のような日誌のことです。

注※パーセンタイル：小さな方から順番に並べ、何パーセント目にあたるかを示す単位。

睡眠日誌（図）を見ると、寝つきが悪く、夜間に途中で何度も目覚めることが毎日続いていました。その度に、乳首を吸わせているとのことでした。寝る時刻も起きる時刻も定まらず、眠ることが上手でない体質の典型例でした。不十分な夜間睡眠のために、複数回の昼寝が必要な状態でした。あまり食べてくれず、起きる時刻が定まらず、朝食・昼食・夕食の時刻に日による違いができていました。母親は、ひどい睡眠不足状態でした。子どもが起きるたびに目覚め、すぐには眠れないようでした。子どもが昼寝をしている間に家事をするようですが、疲れて一緒に寝てしまうことも多いとのことでした。母親はふとしたことで涙が止まらなくなることがあり、子どもと関わる気力を持つことができなくなり、父親との口論が増えたとのことでした。

“ひどい夜泣き”の２歳３か月男児とその母親の睡眠日誌

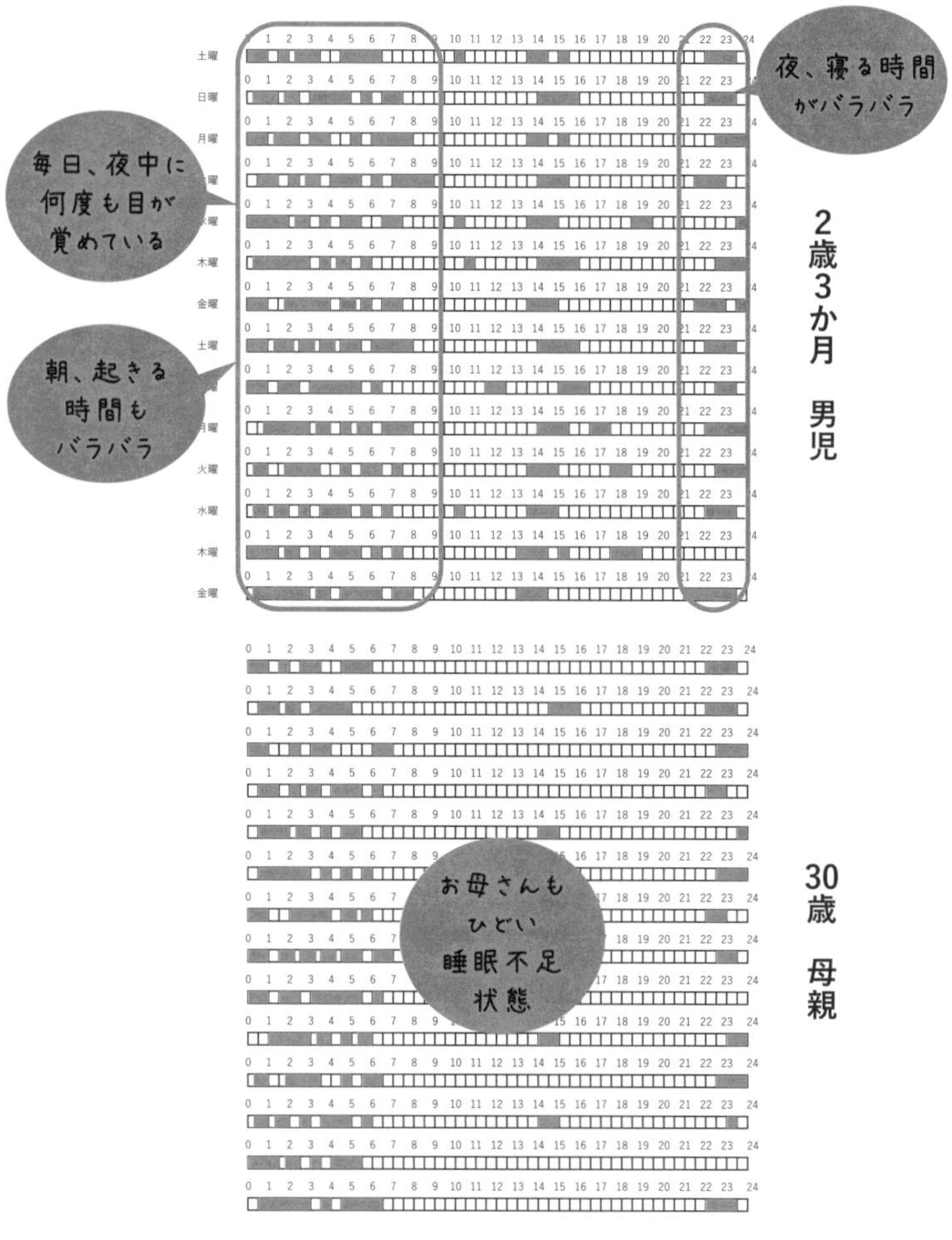

土曜
日曜
月曜
火曜
水曜
木曜
金曜
土曜
日曜
月曜
火曜
水曜
木曜
金曜

毎日、夜中に
何度も目が
覚めている

朝、起きる
時間も
バラバラ

夜、寝る時間
がバラバラ

2歳3か月　男児

お母さんも
ひどい
睡眠不足
状態

30歳　母親

治療は、1～2歳にとって望ましい夜間の睡眠時間（10～11時間程度）を確保することから始めました（➡巻末付録参照）。

第3章に記載した「**乳幼児の眠りを育てる12箇条**」を参考に、母親と父親に養育環境を見直してもらい、環境の調整に努めました。夕食と入浴を19時までには終わらせるようにし、19時からは室内の灯りを明るすぎないようにし、寝る前の決まり事（入眠儀式）を続けてもらい、20時までには眠れるようにする目安を決めました。次に、寝て・起きて・食べて・風呂に入る時刻をほぼ一定にした同じ生活を毎日繰り返し続けてもらうことを決めました。

そして、眠り続ける力を育てるために、夜間断乳を実施しました。父親の職場の理解があり、土・日曜日と年休を使って1週間程度の休みを確保することができましたので、夜間は父親が添い寝をして、子どもの対応はすべて父親がすることにしました。母親には、夜間は別室で過ごしてもらい、昼間に子どもとしっかり遊んでもらうことにしました。

眠り続ける力が弱い〝ひどい夜泣き〟の体質でしたので、夜間断乳を支援する目的

生活時間を決め、パパが添い寝して夜間断乳

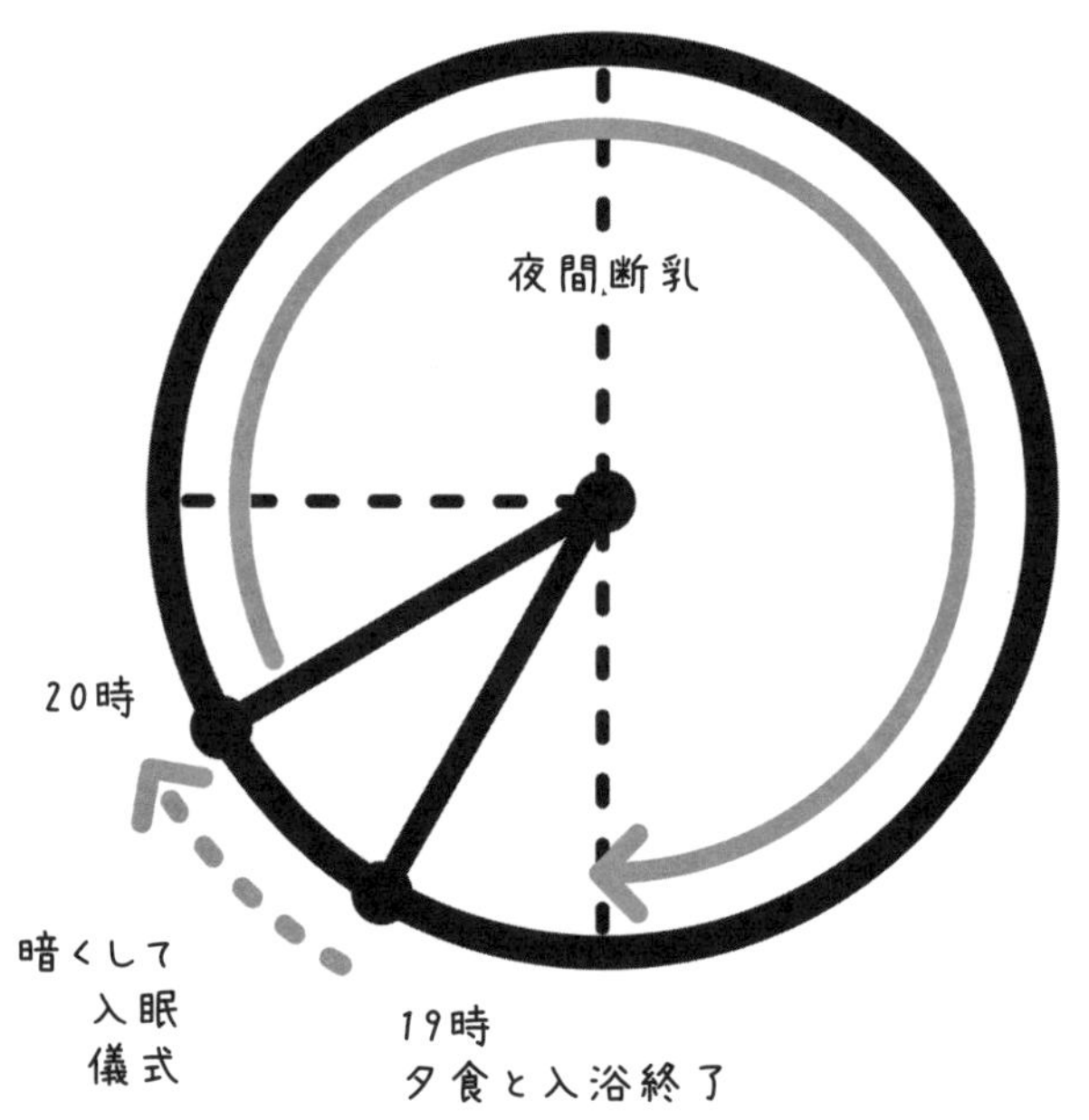

で乳幼児用の内服治療を併用しました。父親の頑張りで夜間断乳3日目から様子が変わり、4日目には途中でほとんど起きることがなくなりました。途中で起きても数分間程度で、泣くこともなく再入眠できました。夜間に授乳しなくなってからは、昼間の食欲が増し、朝からしっかり食べてくれるようになりました。子どもも母親もまとまって眠れるようになり、子どもは機嫌が良くなり活発になりました。母親は、冷静に考えることができるようになり、落ち着いて子どもを見守ることができるようになりました。

活発になった子どもでは注意力・集中力が改善し、理解力も増しました。作業療法士（運動発達の評価と訓練）と言語聴覚士（言語発達の評価と訓練）にも関わってもらい、運動面でも、社会性面でも、言語面でもできることが増え、治療開始1年後には暦年齢相当のことができるまでに改善しました。身長や体重など体格面での改善も認められました。

次の事例は、両親ともに働いている3人家族です。

事例2：寝つきが悪い3歳6か月男児

保育園の先生から発達の遅れを指摘され、不安になって来院。保育園の先生によると、「名前を呼んでも振り向かないことがある。（ごみを捨ててなどの）簡単な指示が理解できない。言葉の数が多くない。午前中にボーっとしていることがある。転びやすい。同じクラスの子たちと遊ばずに、一人遊びを好む。急に泣き出してパニック状態になる。」ということでした。

両親いわく、「保育園が嫌いなようです。毎朝、起こすのが大変です。朝は食欲がないみたいですが、頑張って食べさせています。機嫌が悪く、着替えにも時間がかかり、保育園に行きたがりません。でも、土・日曜日には、機嫌が良くて、元気です。家の中で走り回っています。朝も自分で目覚めます。食欲もあります。昼寝を嫌がって、遊びたがります。」

睡眠日誌をつけてもらうと、次のようなものでした。21時までに子どもを眠らせたいとのことでしたが、寝つきが悪く、ぐずって22時〜23時まで眠れない日が多いようでした。夕方に眠った日には、より遅い時刻に寝入っていました。朝の起床時刻は、平日が6時〜6時30分、土・日曜日は休日のためゆっくりできて8時30分〜9時でした。平日は、夜間睡眠時間が7時間45分〜9時間、昼寝を入れた総睡眠時間が9時間30分〜11時間、朝に自分で目覚めることができません。保育園の先生からは、昼寝をした後は少し活発になって遊んでいることが伝えられました。一方、土・日曜日は、夜間睡眠時間が10時間〜11時間となり、昼寝をしたがらず、朝は自分で目が覚めて機嫌がよいとのことでした。両親いわく「夜中に起きて泣くことは1歳6か月ころまで無くなりました。それ以降は日常生活が楽になりましたが、寝つきの悪さが気になっていました。ぐずってなかなか寝てくれず、朝の寝起きも不機嫌です。」

3〜5歳の望ましい睡眠時間（➡巻末付録と第2章P.58参照）と比較して、平日の夜間睡眠時間がかなり少ないことが分かりました。また、土・日曜日の様子から、

寝つきが悪い３歳６か月男児の睡眠日誌

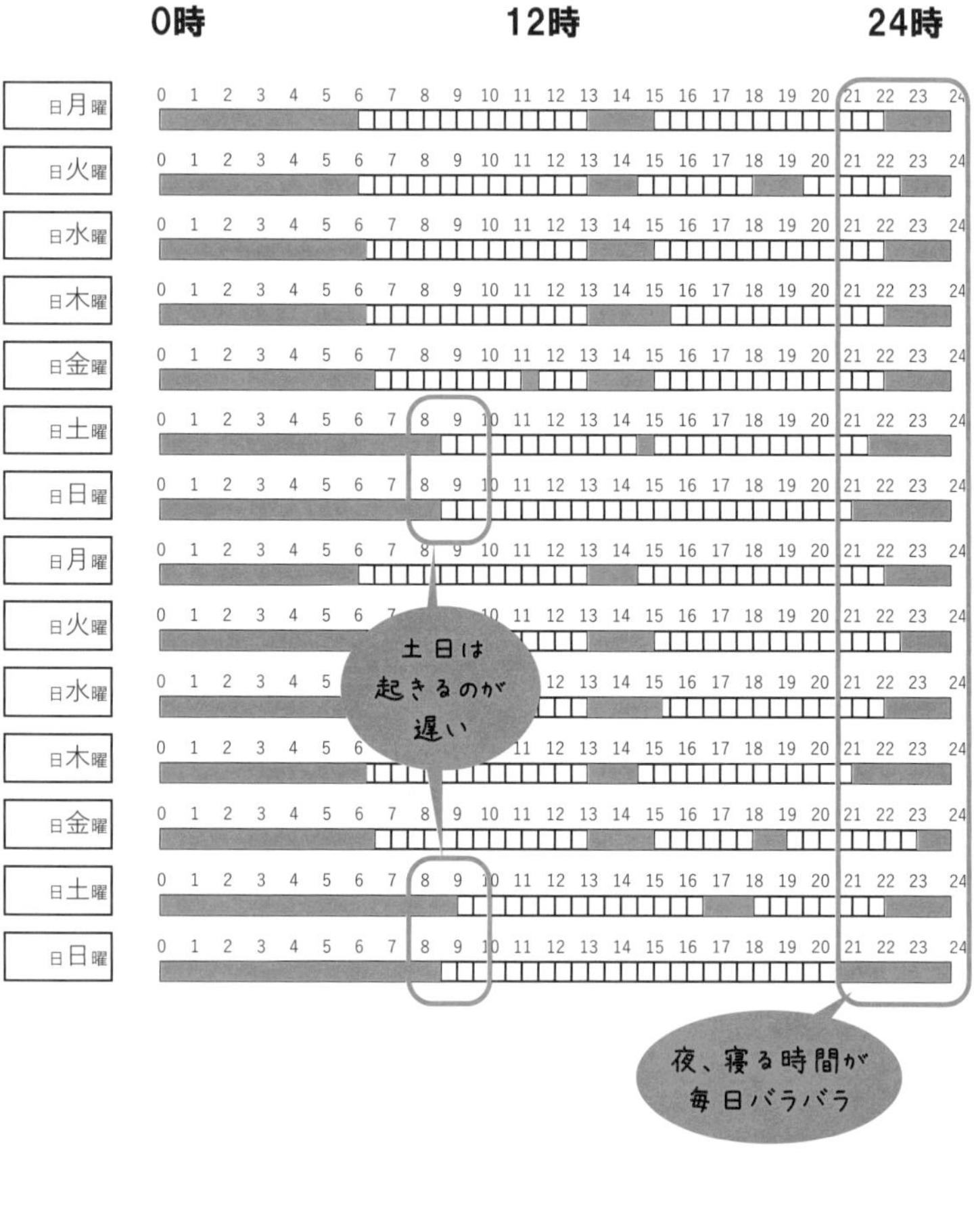

0時　12時　24時

日月曜
日火曜
日水曜
日木曜
日金曜
日土曜
日日曜
日月曜
日火曜
日水曜
日木曜
日金曜
日土曜
日日曜

0 1 2 3 4 5 6 7 8 9 10 11 12 13 14 15 16 17 18 19 20 21 22 23 24

土日は
起きるのが
遅い

夜、寝る時間が
毎日バラバラ

この子にとって必要な夜間睡眠時間は10～11時間程度であろうことが推測できました。そこで、10時間以上の夜間睡眠時間が確保できるように、生活の見直しをしました。

両親の仕事の関係で朝の起床時刻6時～6時30分を変更することはできません。両親は帰宅時刻や家事の分担を検討し、帰宅後につけっぱなしにしていたテレビや、遅くなっていた夕食と入浴の時刻などを見直しました。すなわち、帰宅後はテレビを見ず、夕食・風呂は19時ころには済ませて、19時以降はリビングルームの照明器具の照度を落とす。20時ころに子どもが眠れる工夫として、寝る前の決まり事（入眠儀式）を導入して子どもの気持ちを落ち着かせました。寝室は、眠るための専用の部屋にして、テレビやおもちゃなど子どもが気になるものは置かず、子どもにとって静かで快適な環境を工夫しました。加えて、体内時計を整えるために、親子の触れ合いを大切にしながら、平日と休日の生活リズムが大きく違わないよう工夫しました。すなわち、眠る時刻・起きる時刻・食べる時刻が、平日と休日であまり違わないような規則的な生活をしました。

平日と休日の生活リズムと睡眠時間を同じにしたら

1か月後には、子どもは20時過ぎには眠り、平日の朝6時30分に自分で目覚めることができ、朝ご飯や身支度に時間がかからなくなりました。保育園でも、午前中から活発に活動し、おしゃべりをよくするようになり、言葉の数がどんどん増えました。同じクラスの子たちとも一緒に遊ぶようになりました。保育園の先生からは、別人のようですとの感想がありました。つまり、この子は慢性睡眠不足で疲れていたのでした。

子どもの気になる行動や困った行動には、子どもなりの理由と原因が必ずあります。今回、両親も、保育園の先生も、睡眠日誌をつけるまでは、この子の睡眠不足に気づいていませんでした。人は、それぞれの経験と知識、置かれた立場、持っている価値観などでつくられた「限られた枠」を通してしか、ものごとを見ることができないようです。我が子であっても、そのすべてが見えているわけではありません。**子どもの気になる行動や困った行動の原因のひとつに、睡眠と生活リズム（体内時計の調整）の問題がある**ことを忘れずにいてください。

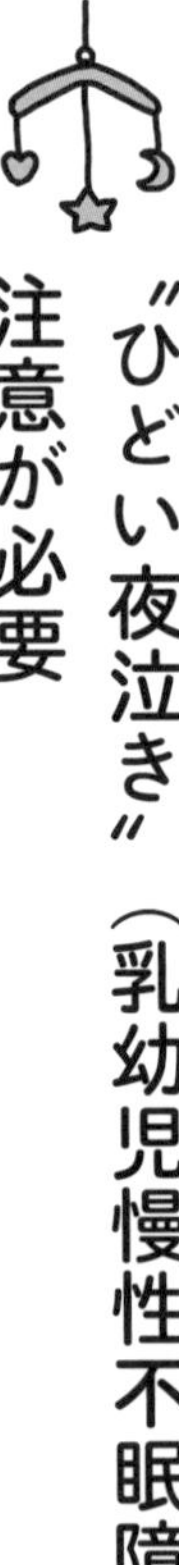

〝ひどい夜泣き〟（乳幼児慢性不眠障害）には注意が必要

〝ひどい夜泣き〟（乳幼児慢性不眠障害）があるために、母親・家族も不眠症になり、ふとしたことで母親が涙する、涙が止まらなくなる、子どもと関わる気力を持つことができない、パートナーとの口論が増えた、疲弊した、虐待を疑われた、といったことが起きています。親が育てにくさを感じてしまうがために、乳幼児期に非常に重要な、子どもとの愛着形成がうまくいかないといった重大な事態を招くことにもつながりかねません。

典型的な〝ひどい夜泣き〟の子の眠りと、その母親の眠りを睡眠日誌で見てみましょう。

子どもも母親も、数時間おきに一緒に夜中に起きていることがわかります。

典型的な“ひどい夜泣き”の子とその母親の睡眠日誌

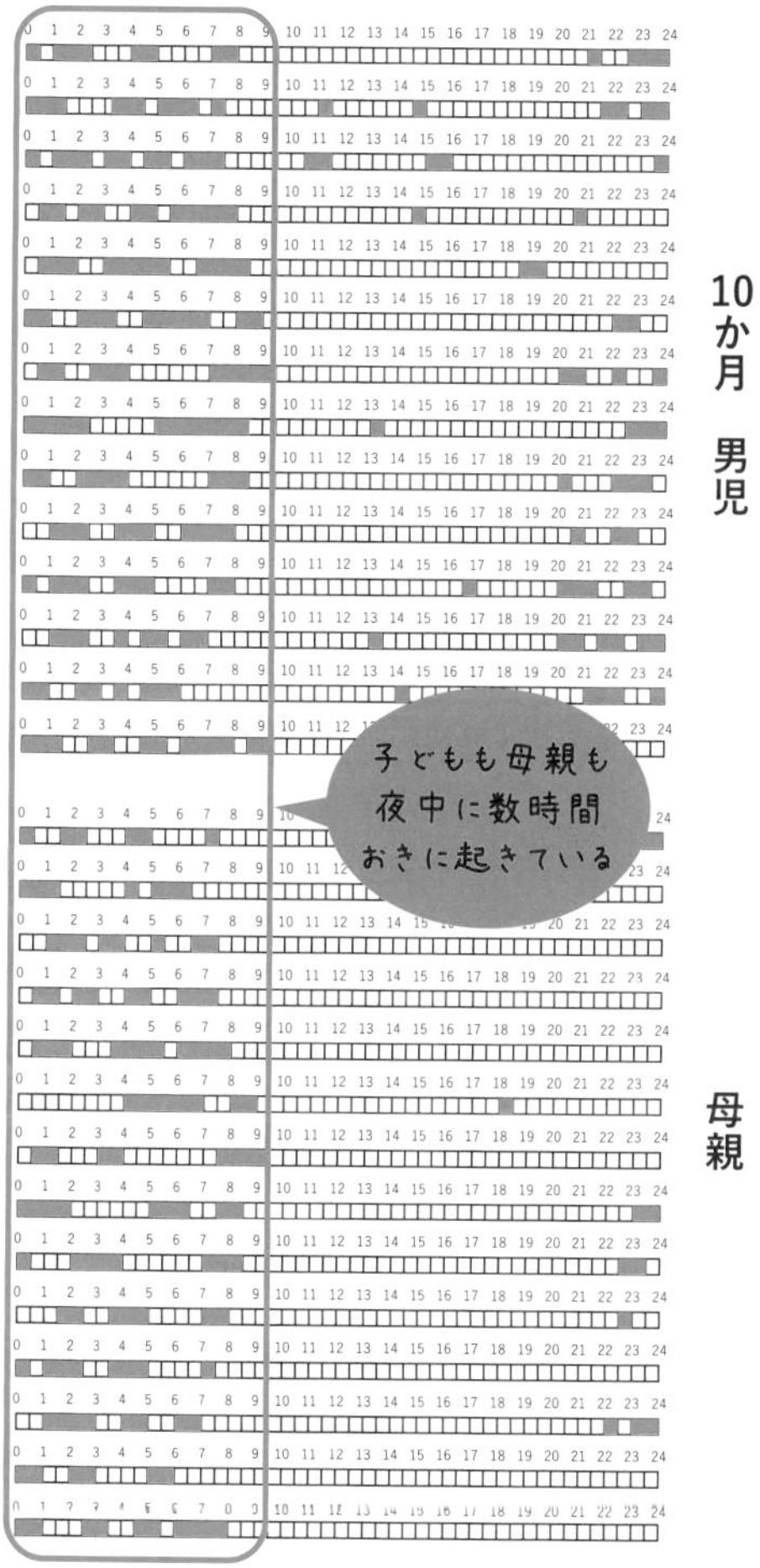

10か月 男児

子どもも母親も夜中に数時間おきに起きている

母親

睡眠に関連する心配事は、程度の軽いものを含めると、子どもの30％程度で経験するとの報告があります。その中でも、長期間持続する〝ひどい夜泣き〟（乳幼児慢性不眠障害）は注意が必要です。２０１７年発表のオランダの研究では、〝ひどい夜泣き〟が2歳以降に軽快・消失した子に比べて、**乳児期から6歳になるまで睡眠障害が続いた子では7歳時に脳の容積が小さいことが報告されました**[4]（章末コラム参照）。

また、２０１６年発表のアメリカとスペインの共同研究によると、別の睡眠中の病気〝睡眠時無呼吸症候群〟の子では（平均年齢が7.2±2.7歳）、血液中のアミロイドβ42濃度が上昇し、治療により眠れるようになるとアミロイドβ42が低下したことが報告されていました[5]（詳しくは第2章参照）。睡眠時無呼吸症候群は、眠っている途中で息苦しくなって何度も目覚め、睡眠の質が悪くなる病気です。アミロイドβ42は、アルツハイマー型認知症の脳に蓄積する有害物質で、脳機能障害を起こします。睡眠障害が子どもの脳に負担をかける可能性を示した報告です。

これまで、乳幼児期の睡眠障害が認知機能を低下させ、子どもの発達に悪影響を及ぼす報告は数多くあります。

例えば、カナダの研究では、言葉の遅れがある5歳児には、1歳6か月の時点で夜間にまとめて眠れない子が多いと報告しています[6]。その論文では、2歳までの夜の眠りを大切にすると、幼児期の言葉の獲得がより容易になるかもしれないと指摘していました。日本からも5歳児を対象にした研究で、年齢相当の発達の目安である〝三角形模写〟ができなかった子では、夜更かし・朝寝坊で夜間睡眠時間が短く、気になる行動（姿勢が崩れやすい、理由のない攻撃をする、持続力がないなど）がよく見られたと報告されています[7]。

幼い子どもにも自我があり、その子なりの自尊心やプライドがあります。乳幼児慢性不眠障害になってしまうと、脳の認知機能が低下し、同年齢の子と比べて出来ないことが増えてしまいます。**同年齢の子と比べて出来ないことが増えると、幼い子どもの自尊心を傷つけ、その子の自信を失わせる危険性があります**。

読者の皆さんも、1歳の子どもでも、出来ることがあると誇らしげな様子や満足そうな様子を見せることはご存知だと思います。そして、出来たことを周囲が認めると、うれしそうな様子を見せます。一方、出来ないことがあったりすると、2歳くらいになると、出来ないことをごまかすような行動をする子がいることもご存知だと思います。おそらく、その子のプライドが傷つくのでしょう。

●子どもが自信を失わないように「夜泣き外来」を始めました

〝ひどい夜泣き〟（乳幼児慢性不眠障害）の予防と治療で、脳の認知機能の低下を防ぎ、出来ることを増やして、子どもが自信を失わないようにしたいものです。

人生の出発点での〝つまずき〟を少なくしたい、無くしたい、自分らしい人生をしっかり歩んでほしい、との願いから、筆者は2018年7月に「夜泣き外来」を始めました。

先に紹介した2016年発表のアミロイドβ42に関する論文と2017年発表の脳容積に関する論文によっても、〝ひどい夜泣き〟（乳幼児慢性不眠障害）は医療者が積極的に取り組むべき課題であることを認識させられました。そして、それにもまして、**「夜泣き外来」**開設の決断を促したのは、開設前に出会った〝ひどい夜泣き〟で苦しみ奮戦しているお母さんの姿でした。ご自身の体力と睡眠を削って、心身ともに衰弱しても、子どもに一生懸命に向き合う母親の姿です。命をつなぐ、重要な役割を担わされた女性の素晴らしさに圧倒されました。悩んでいるお母さんが相談に来られやすいように、名称を「夜泣き外来」とすることにしたのです。

〝ひどい夜泣き（乳幼児慢性不眠障害）〟の原因は？

体質要因と環境要因の2つに大きくわけられる

〝ひどい夜泣き（乳幼児慢性不眠障害）〟の原因には、体質要因と環境要因の2つがあります（次の表）。体質要因には、**「眠り続ける力が弱い体質」**、**「目覚め続ける力が弱い体質」**、**「眠りを妨げる状態のある体質」**があります。一方、環境要因は多種多様

“ひどい夜泣き”（乳幼児慢性不眠障害）の原因

体質要因

①　眠るのが上手でない体質

眠り続ける力と目覚め続ける力のバランスが悪く、眠り続ける力が弱い体質と目覚め続ける力が弱い体質とに分かれる

（生後6か月ころまで、眠り続ける力と目覚め続ける力が未発達）

②　眠りを妨げる状態のある体質

呼吸器系統が弱い体質や病気、かゆみや痛みが続く体質や病気、感覚過敏（音・光・触感と温度感覚）など

環境要因

①　適切でない睡眠衛生

ⓐ睡眠スケジュール
ⓑ昼間の活動
ⓒ飲食物（食べる）
ⓓ入浴のタイミング
ⓔ眠る前の光のコントロール
ⓕ寝室環境（安全性、照度、静寂性、室温や湿度などの快適性）
　などに関すること

②　適切でない養育行動

入眠時や夜間睡眠中の授乳や抱き上げなどに関すること

で複雑ですが、**「適切でない睡眠衛生」と「適切でない養育行動」**の2つに分類することができます。

環境要因は家庭での工夫により改善が可能です。環境要因を整えることにより、〝ひどい夜泣き〟（乳幼児慢性不眠障害）の予防や重症化を防ぐことができます。また、通常の夜泣きとも上手く付き合うことができます。環境要因を整えるポイントについて、第3章と第4章で詳しく紹介します。

●体質要因

「眠り続ける力が弱い体質」では、寝つきが悪い、睡眠の途中で何度も目覚める、異常に早く目覚めるということが起こります。睡眠不足になります。幼い子どもでは、思うように眠れないので不機嫌になり、かんしゃくを起こし、泣き叫んで保護者や周囲の人を当惑させます。脳の中にある〝眠りのシステム〟と〝目覚めのシステム〟のバランスが、〝目覚めのシステム〟側に傾きやすい子です（詳細は第2章を参照）。

一方、「目覚め続ける力が弱い体質」とは、脳の中の〝眠りのシステム〟と〝目覚めのシステム〟のバランスが〝眠りのシステム〟側に傾きやすい子です。この傾きのバランスには、脳内のオレキシン・ヒスタミンなどが関係しています。脳内のオレキシンやヒスタミンには目覚めさせる働きがあり、これらの働きが活発であれば目覚め続けることができます。脳内のオレキシンやヒスタミンの働きが弱くなれば、目覚め続けることができず、眠りに入ります。

なお、**生後6か月ころまでは、どの子も「眠り続ける力」や「目覚め続ける力」が十分には育っていません**。脳内の〝眠りのシステム〟と〝目覚めのシステム〟のバランス機能が未発達であることが推測できます。また、前に述べた通り、生命維持のために「食べる（飲む）」を「眠る」よりも優先する身体の仕組みのためでもあります。

次に、**「眠りを妨げる状態のある体質」**には、呼吸器系統の弱さで息苦しくなって眠れない体質（鼻閉・アレルギー性鼻炎、小さな下顎、後退した下顎、扁桃やアデノイドの肥大、重度の肥満、喉頭軟化症、気管支喘息など）、皮膚のかゆみで眠れない体質（アトピー性皮膚炎、乾燥肌、じんましんなど）、痛みが続く状態、感覚が過敏で眠りにくい体質（音、光、触感、室温などに過敏）、頻回の嘔吐で眠れない体質（胃食道逆流症、胃軸捻転症）、神経や筋肉の病気などがあります。

目覚め続ける力が弱い体質

●環境要因

睡眠衛生とは、質の良い睡眠を得るために推奨される行動や環境の調整方法のことです。良い眠りを得るための基本は、昼間は明るく賑やかで活動的な生活、夜は暗くて静かで穏やかで安心できる環境です。しかし、文明の進歩により、明るい夜がつくれるようになり、夜遅くまで賑やかで、24時間活動する社会が出来上がりました。その上、子どもが安心して外遊びできる場が減り、テレビ・タブレット・スマホが幼い子どもの世界にも浸透し、乗り物が発達し、子どもが身体を動かす機会が少なくなりました。そのため、現代の日本では、親が意識して、子どもに良い生活習慣を身につけさせる努力をしないと、良い眠りが得られなくなりました。

睡眠衛生のポイントを挙げてみましょう。

良い眠りを得るために大人が気を付けたいこと

ⓐ **睡眠スケジュール**（寝る時刻と起きる時刻をほぼ固定し、年齢に応じた望ましい睡眠時間を確保すること）

ⓑ **昼間の活動**（適度に太陽の光を浴び、外遊びする）

ⓒ **飲食物**（食事の時刻をほぼ固定し、カフェインの摂取を控える）

ⓓ **入浴のタイミング**（入浴は遅くとも寝る1時間前までに済ませる）

ⓔ **眠る前の光のコントロール**（寝る1時間前から明るい光を避ける）

ⓕ **安心できる寝室環境**（安全で、暗くて、静かで、心地よい寝室）

これらを適切に保ち、毎日同じ生活を繰り返すことが幼い子どもには特に大切です。

養育行動とは、子育てにおいて親（保護者）がとる行動のことです。親（保護者）

眠りを妨げる状態のある体質

重度の肥満

かゆみで眠れない

感覚が過敏

嘔吐
しやすい
体質

神経や
筋肉の
病気

に依存しなければ生活できない幼い子どもでは、周囲からいろいろなことを学ぶために好奇心が旺盛です。学び・体験から得られた手本のバリエーションがまだまだ少なく、周囲の変化に対する理解力・解釈力が育っている途中ですから、周囲の変化についていて行けないことがしばしば起こります。不安になることが少なくありません。

そのため、親（保護者）がとるべき養育行動の基本は、望ましい生活習慣を念頭に、「毎日同じことを繰り返し続けること」になります。変化は少しずつです。このようにして**乳幼児期に身についた望ましい生活習慣は、大人になっても大きくズレることはなく、生涯の宝物になり得ます。**

また、眠ることを習慣づけるための寝る前の決まり事（入眠儀式）の導入をおすすめします。また、入眠後は子どもに関わり過ぎないようにしましょう。入眠後に眠りが浅くなっても、しばらく様子を見ているだけで、再び寝入ってしまうことはよくあります。眠りが浅くなるたびに、子どもに関わってしまうと、途中で目が覚める習慣がついてしまう可能性があります。

昼間は活動的、夜は静かで穏やかな環境

昼間は活動的に

夜は静かで穏やかに

〝ひどい夜泣き〟（乳幼児慢性不眠障害）の診療と治療

診療は、P.9の症状と判断基準の表をもとに〝ひどい夜泣き（乳幼児慢性不眠障害）〟の程度を確認し、その原因（P.32の原因の表参照）を調べることから始まります。

最初に、眠りを妨げる病気がないかを調べます。次に、睡眠衛生についての指導を行います。子どもごとに、家庭の事情に配慮しながら、保護者とともに実現可能な治療の方法を検討します（**第3章参照**）。そして、眠り続ける力を育てるために、寝る前の決まり事（入眠儀式）の導入、途中で起きた時に授乳や抱き上げる行為をなくしていくなどの行動科学的アプローチについて、保護者に助言します。最後に、必要な場合には、子ども用の内服治療を組み合わせます。その際、病状を把握するには睡眠日誌（**「巻末付録」参照**）が役立ちます。

夜泣き外来

当院の夜泣き外来では、生後6か月〜4歳未満を対象として診察を行っています。“気になる夜泣き”から“ひどい夜泣き（乳幼児慢性不眠障害）”まで、小児科医・看護師・保育士・作業療法士・言語聴覚士・心理士によるチーム医療で対応しています。

子どもが遊んでいる姿を保育士が観察し、子どもの動きや感覚を作業療法士が評価し、必要時には言語聴覚士や心理士による評価をしています。訓練が必要な子には作業療法士や言語聴覚士が関わり、地域の療育につなげることを推進しています。また、地域の健診を担っている医師や保健師との連携も進めつつあります。

夜泣き外来の意義は、次の４つにまとめることができます。

一つ目は、“ひどい夜泣き（乳幼児慢性不眠障害）”の予防と治療です。睡眠障害による脳機能の低下を防ぎ、発達の遅れの未然防止や改善に役立ちます。それは、子ども自身にとっては、出来ることが増え、自己評価が低くなることを防止することにつながります。

二つ目は、保護者の育児疲れや保護者の不眠への支援です。夜泣き外来の診療を通して、母親だけでなく他の家族にも心の余裕ができていくようです。親子の愛着形成の促進、ならびに虐待防止に役立っていると信じています。

三つ目は、望ましい睡眠時間の確保と適切な生活リズム（体内時計の調整）を身につけることにより、肥満・糖尿病・高血圧・認知症などの成人期の病気の予防ができます。

そして、四つ目は、万一、子どもが発達障害だった場合に、早期になんらかの手を打つことができます。療育などによる支援や訓練を早期に始めることができ、子どもや親の困りごとに対して相談にのってもらいやすくなるメリットがあります。なお、“ひどい夜泣き（乳幼児慢性不眠障害）”は発達障害でない子にも起こりますが、発達障害の子では睡眠障害が起こりやすい傾向があります[(8)]。そのため、睡眠障害を契機に発達障害が見つかることがあります。

そして、家族の「ウェルビィーイング [well-being]（身体的・精神的・社会的に良好な状態）」の向上、家族の幸せにつながるということが何よりのことと思っています。

夜間睡眠中に脳がつくられ、脳が育ち、脳が守られる

睡眠は単なる休息ではありません。これまでの研究により、脳が高度な機能を発揮するために必要な神経細胞のネットワーク（神経回路）づくりは、夜間睡眠中に活発であることが分かっています。起きていた間に経験した記憶が整理され、脳に定着するのも主として睡眠中です。頑張って覚えた学習内容も、眠らなければ多くを忘れてしまうことになります。

赤ちゃんにとっての学習とは、お勉強のことではありません。生活習慣だったり声を発することだったり触感だったり。赤ちゃんもさまざまなことを毎日学んでいます。

また、睡眠が足りない子どもでは、記憶にかかわる脳の海馬が育たず、大きさが小さいことがＭＲＩ（磁気共鳴画像装置）検査で証明されています。マウスを使った睡眠剥奪実験でも海馬が萎縮し小さくなることが認められています。

さらに、脳の活動に伴って発生するアミロイドβなどの脳内老廃物は、夜間睡眠中に脳脊髄液により排せつされることが分かっています（詳細は第２章でご説明します）。夜間睡眠時間が足りないと、脳内に老廃物が残り、脳の機能が妨げられます。脳の神経細胞をリフレッシュさせるためには、適切な夜間睡眠が不可欠なのです。

寝ている間は意識がなく体を動かしていないので、睡眠は無駄な時間としばしば勘違いされるようです。しかし、起きている時間帯の充実を求めるならば、大人も子どもも、適切な夜間睡眠時間の確保が必須になります。

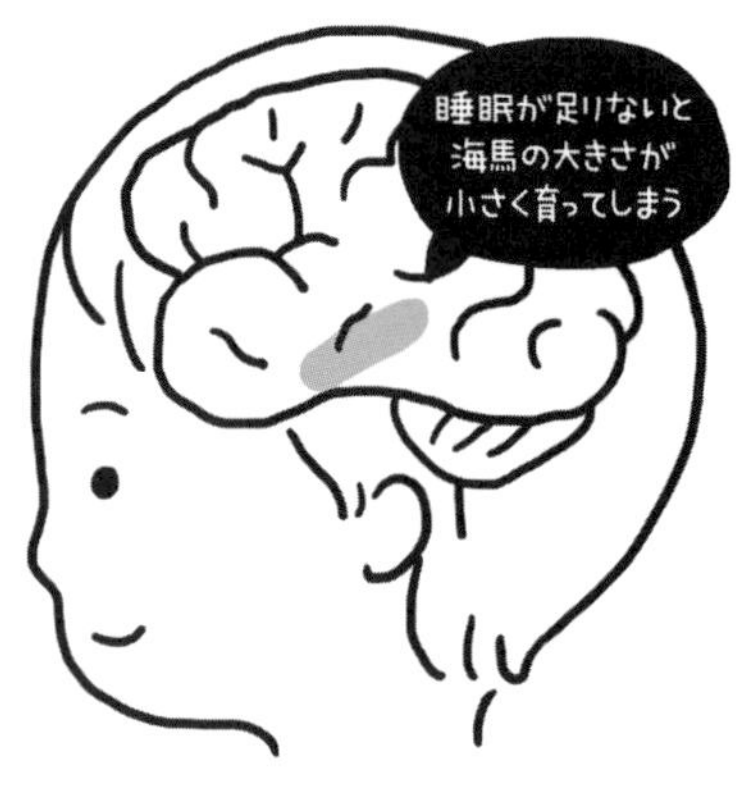

第2章

赤ちゃんの体のしくみ

眠りと体のリズム

ヒトの体は、数十兆個の細胞でできています。[9] ひとつひとつの細胞にはおのおの役割があり、脳・脊髄、心臓・血管、耳・鼻・口、胃腸、肝臓、腎臓、ホルモン産生細胞、赤血球や白血球などとして機能しています。これら数十兆個の細胞がバラバラに動かないように、調和のとれた動きで内臓が上手く機能するよう、そして体全体の調和がとれて地球環境に順応できるように、体の中にはいくつかの生理的なリズムが存在します（次の表「体のリズムの種類」参照）。

眠りに密接に関係する生理的なリズムというものには2つのリズムがあります。ひとつは、ノンレム睡眠とレム睡眠が繰り返す**「眠りのリズム」**。もうひとつは夜に眠れる体に誘導する**「概日リズム」**です。

では、「眠りのリズム」とは何でしょうか。

体のリズムの種類

A 内臓が上手く機能するための生理的なリズム

❶ **超日（ちょうじつ）リズム（ウルトラディアン・リズム）**
体の中で数十分から数時間で繰り返されるリズム。ノンレム睡眠とレム睡眠が繰り返す「眠りのリズム」、心拍リズム、呼吸リズム、胃腸の蠕動リズム、ホルモン分泌リズム（性腺刺激ホルモンや成長ホルモンは90〜120分ごとに分泌）など多くの種類がある

B 地球環境に順応するための生理的なリズム

❶ **半日リズム（サーカセミディアン・リズム）**
半日ごとに繰り返される海水の潮の満ち引きに合わせる体のリズム。ヒトでは、午後2〜3時ころと午前2〜3時ころに眠気が深まる半日リズムがある

❷ **概日（がいじつ）リズム（サーカディアン・リズム）**
地球の自転がつくる24時間周期の明・暗リズム（昼・夜リズム）に合わせて体内時計が体のリズムをつくる。日中に活動できる体のリズムと、夜間に必要な睡眠がとれて脳と体の成長とメインテナンスが行われるリズム

❸ **概月リズム**
約１か月周期で変動する生理現象。女性の月経周期がある

❹ **概年リズム**
約１年周期のリズム。冬に起こりやすい、気持ちが沈む季節性情緒障害がある。ヒト以外の生物では、動物の冬眠や繁殖、植物の落葉や花芽形成などがある

「眠りのリズム」とは

「眠りのリズム」は脳がつくります。交互に繰り返すノンレム睡眠とレム睡眠がひとつのセットとなり、眠りが深くなったり浅くなったりして、朝の目覚めを迎えます（図「大人の睡眠」）。

ノンレム睡眠は、脳が落ち着いた状態で、記憶や感情の整理が行われます。深いノンレム睡眠時（睡眠の深さが3～4段階）に成長ホルモンの分泌量が多量になります。レム睡眠は、眼が動き、脳は覚醒し、夢をみることが多く、体は動かない睡眠状態です。

子どもの眠りと大人の眠りは、質が異なります。乳幼児では、「眠りのリズム」の周期が短く、レム睡眠と深いノンレム睡眠の割合が高い特徴があります。

ノンレム睡眠・レム睡眠のセットは、大人では80～120分間隔（左図）、3～4歳ころまでは50～60分間隔のリズムで繰り返されます（図「新生児期から生後2か月までの睡眠のイメージ」、図「生後6か月から2歳ころまでの睡眠のイメージ」）。5

大人の睡眠

ノンレム睡眠から始まり、レム睡眠を介して、次のノンレム睡眠に入る

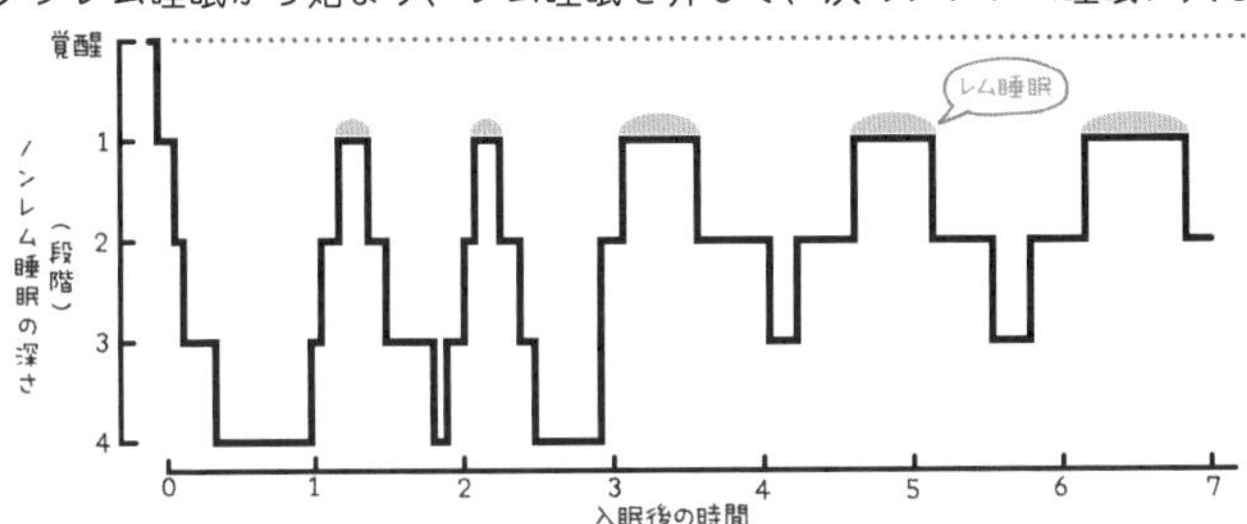

新生児期から生後2か月までの睡眠のイメージ

レム睡眠から始まる

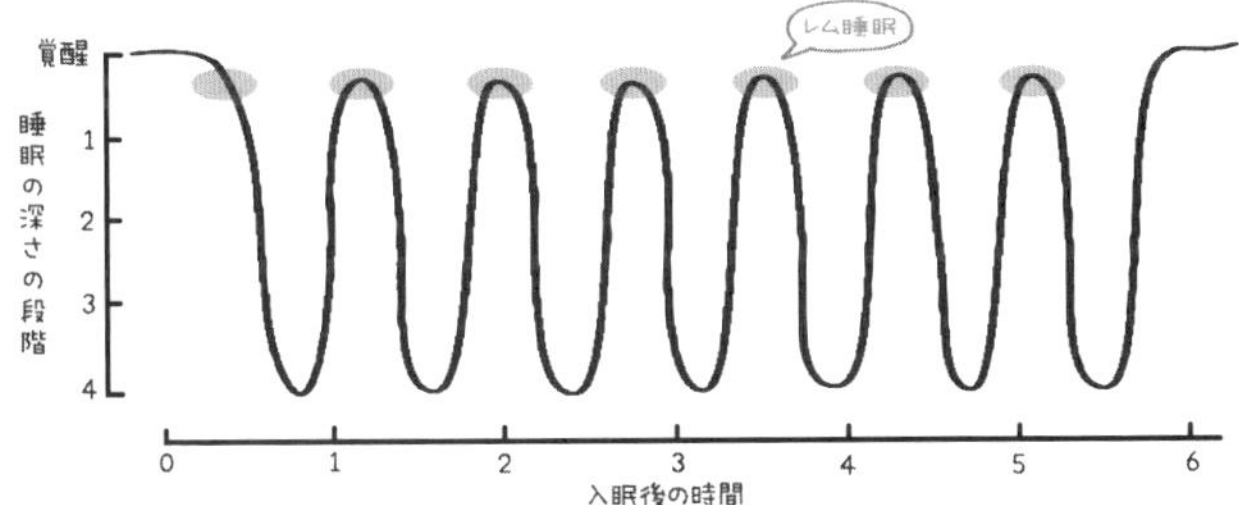

生後6か月から2歳ころまでの睡眠のイメージ

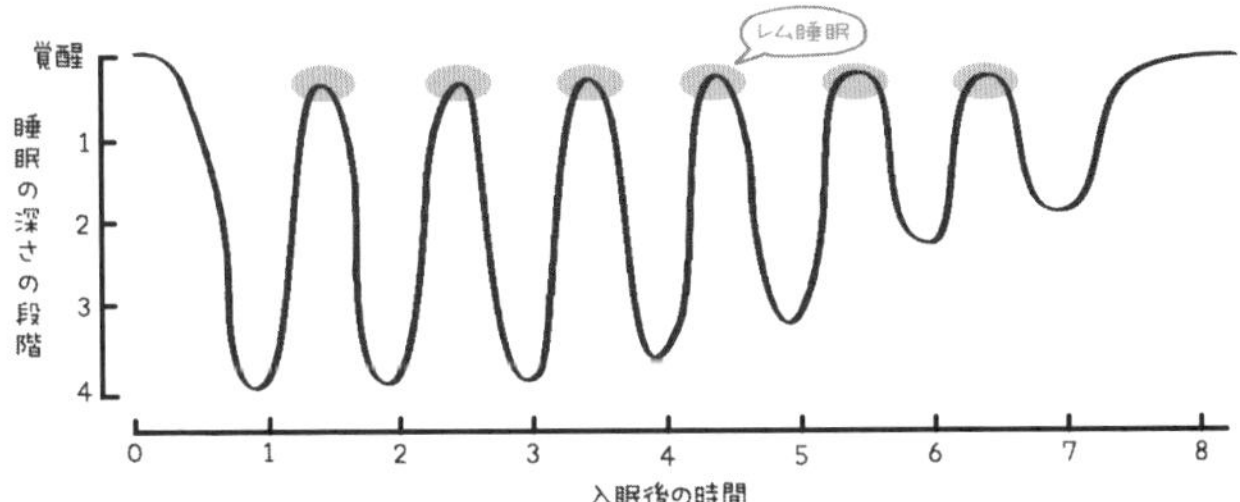

歳以降この間隔は次第に長くなり、思春期を過ぎると大人と同様になります。

ノンレム睡眠とレム睡眠は脳波で区別できます。生後2か月ころまでの乳児では、脳機能が未成熟のため、脳波でこれら2つの睡眠を区別することができません。そのため、眼球運動をもとに、眼が動く睡眠を動睡眠（レム睡眠に相当）、眼が動かない睡眠を静睡眠（ノンレム睡眠）と定義しています。また、生後2か月ころまでの眠りはレム睡眠（動睡眠）から始まり、それ以降の眠りはノンレム睡眠から始まる特徴があります。

レム睡眠の割合が高いと、夢をみることが多く、眠りが浅くなる回数も多くなります。レム睡眠の割合が、大人と同程度（夜間総睡眠時間の20％程度）になるのは3～4歳ころになってからです。[10]、[11]

では、夜に眠れる体に誘導する「概日リズム」とはどういったリズムなのでしょうか。

概日リズムと生活リズム

起床時刻、食事の時刻、入眠時刻

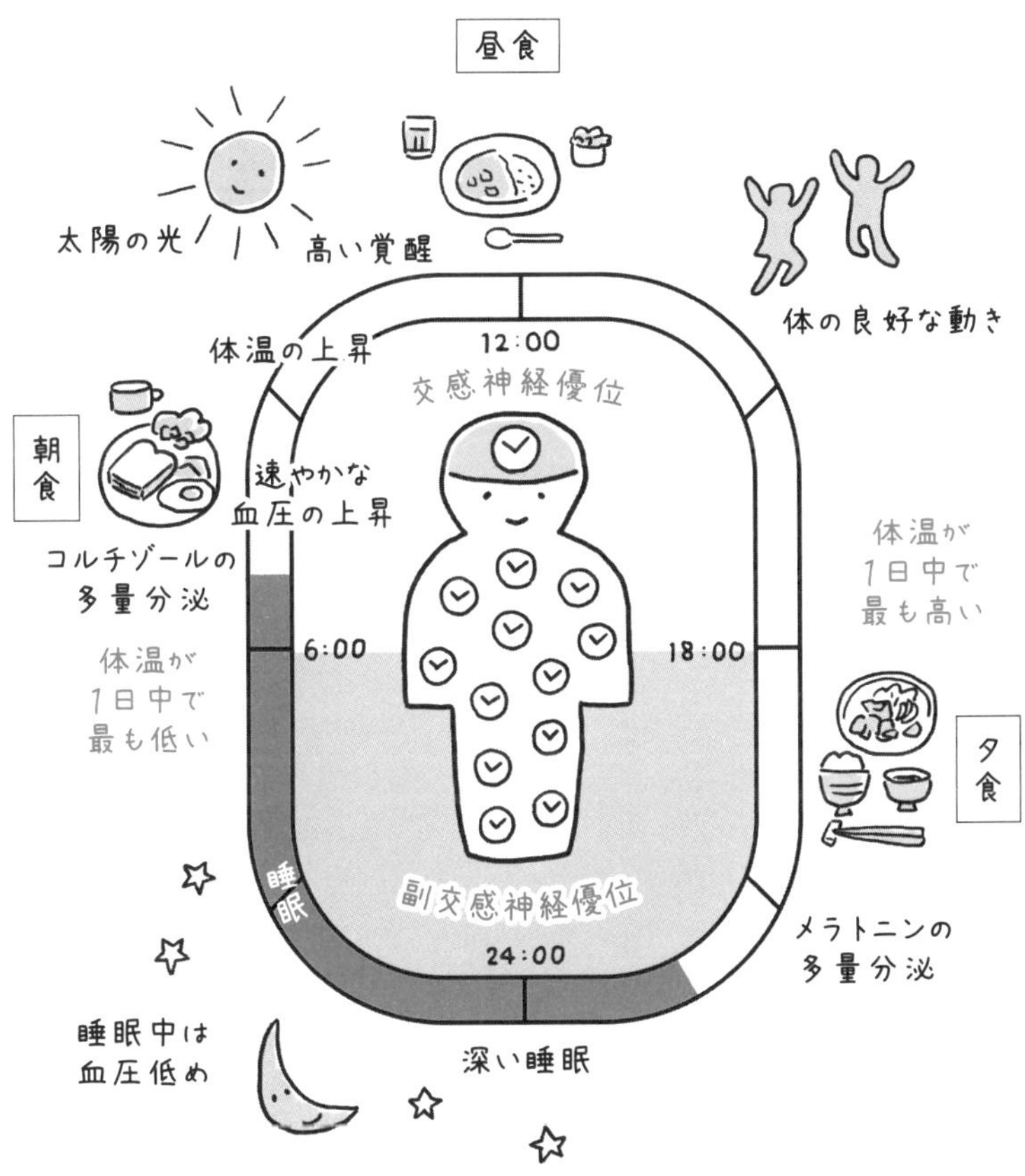

夜に眠れる体に誘導する「概日リズム」とは

「概日リズム」とは、**地球の自転がつくる24時間周期の明・暗リズム（昼・夜リズム）に合わせて変化する体のリズム**です（図「概日リズムと生活リズム」）。明るい時間帯に活動し、暗い時間帯に眠れるように、体の中で毎日繰り返される内臓の機能の変化です。交感神経・副交感神経のバランス、各種ホルモンの分泌、体温や血圧の変動などが24時間周期で繰り返されます。この体のリズムをつくるのが体内時計です。

体内時計は、精子や卵子の生殖系列の細胞を除くすべての細胞に存在し[12]、一つひとつの細胞が適切なタイミングで機能するよう調整しています。数十兆個の細胞からできているヒトの体には、数十兆個の体内時計が存在することになります。一つひとつの細胞にひとつの時計がついているイメージです。

これらの体内時計が、個人の生活リズムに内臓の機能を合わせることができるように調整しています。脳の視交叉上核にある体内時計（中枢時計）は、目覚めた時に眼から入る光を目安に時刻合わせをします。胃腸の体内時計は食事の時刻、筋肉や骨にある体内時計は身体の動きを目安に時刻合わせをします。そして、オーケストラの指揮者の役割を脳の体内時計が担い、神経やホルモンを介して、体全体の体内時計の時刻を調整しています。

体内時計が分泌を調節している重要なホルモンに、コルチゾールとメラトニンがあります。コルチゾールは、早朝6〜8時ころに副腎細胞から多量に分泌され、血圧を上げます。日中の活動に必要なホルモンです。メラトニンは、目覚めてから14〜16時間後に暗い環境下で脳内の松果体細胞から多量に分泌され、眠らせる作用と抗酸化作用があります。

体内時計による夜間のメラトニン分泌と体温降下が、ヒトを眠りに誘導します。もしも日々の生活が不規則になり、**目覚める時刻に2時間以上のズレが生ずると、眼に光が入る時刻が日ごとに異なり、体内時計の時刻が乱れる契機になります**。その結果、概日リズムが乱れ、内臓の機能が混乱し、メラトニン分泌や体温降下のタイミングが適切でなくなり、夜の寝つきが悪くなるというわけです。同時に、自律神経のバランスが乱れ、頭痛やめまいなどの症状が出ることもあります。

生後26週までの睡眠表

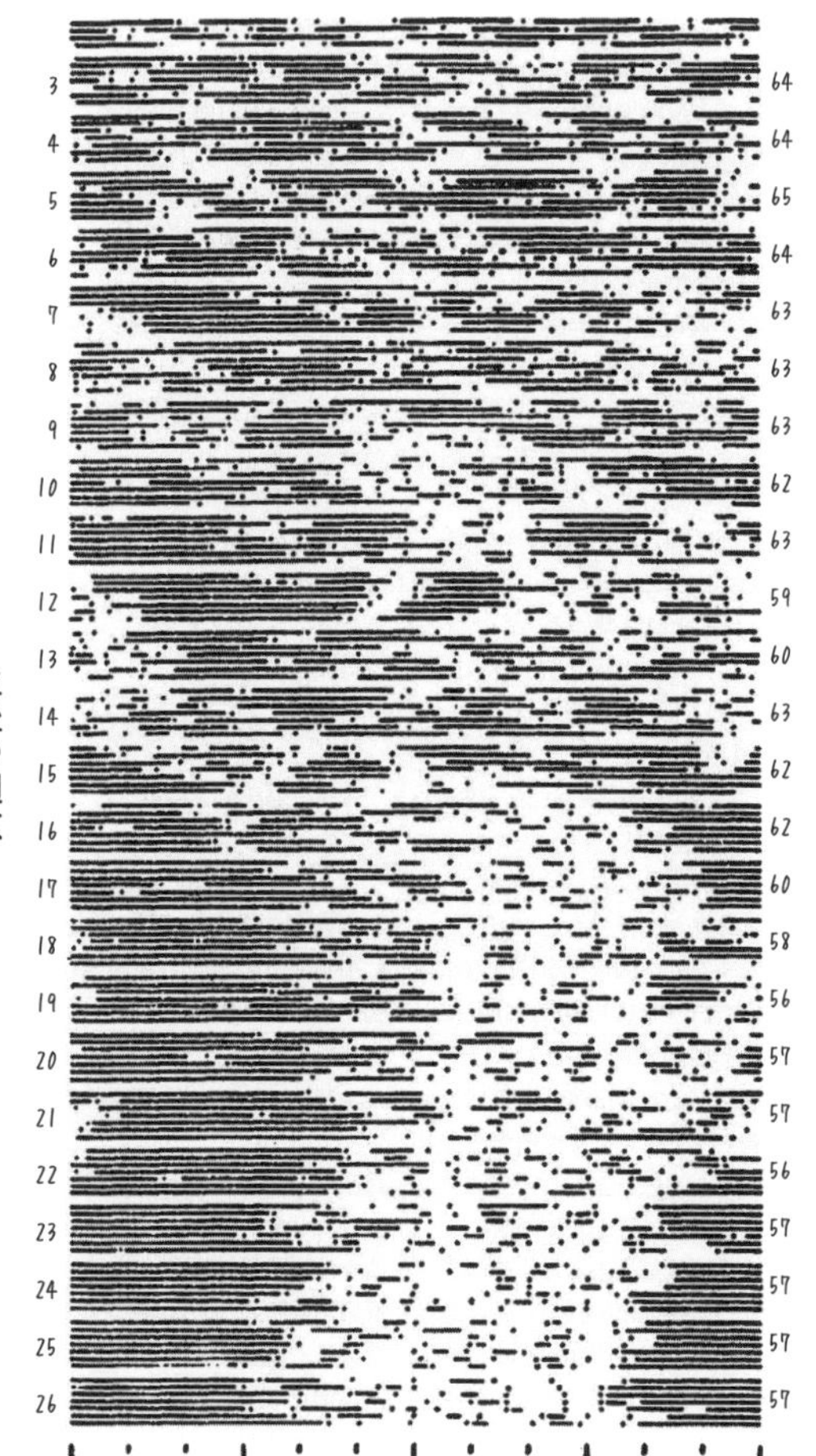

黒い線の時間帯が寝ている時間
16週齢ころから昼夜リズムが認められる
23－26週齢には、寝ている時間と起きている時間がはっきりしてくることがわかる

子どもにとって望ましい睡眠時間（11）

妊娠28〜30週にはレム睡眠に相当する動睡眠が確認できます。妊娠32〜34週にはレム睡眠とノンレム睡眠に相当する動睡眠と静睡眠が認められます。**出生後の1か月間は、1日の16〜18時間が睡眠時間です。**動睡眠と静睡眠がひとつのセットになって、50〜60分間隔で繰り返します。そして、2時間半〜4時間ごとに目覚めて授乳します。**日中は明るくて賑やかな環境・夜は暗くて静かな環境を維持すると、生後16週ころまでには昼間に起きている時間が長くなり、夜間の睡眠時間が長くなります。**

乳児の体が、昼夜の概日リズムに順応していることを示す図があります（図「生後26週までの睡眠表」（13））、生後6か月以降は、夜にまとめて眠れるようになり、一歳ころには昼寝は午前と午後の2回程度になります。夜間にしっかり眠れていれば、1歳半ころには昼寝は1日1回程度になり、4歳過ぎには昼寝は必要なくなります。必要な睡眠時間には個人差がありますが、望ましい幼児期の夜間睡眠時間は10〜11時間程度です。米国睡眠医学会と米国小児科学会は、子どもにとって望ましい睡眠時間の目安

子どもにとって望ましい睡眠時間

（乳幼児期は昼寝を含む）

生後４か月から11か月	12～16時間
１～２歳	11～14時間
３～５歳	10～13時間
６～12歳	９～12時間
13～18歳	８～10時間

（米国睡眠医学会の提言、米国小児科学会推奨）

を示しています（表「子どもにとって望ましい睡眠時間」[14]）。大人にとって望ましい睡眠時間は7～9時間とされています。

夜に眠ることの大切さ（睡眠の役割）

睡眠には、脳を育て・守る重要な役割があります。眠っている間に、脳の神経細胞ネットワークが整えられ、記憶が脳に固定され、新たなアイデアを生み出す能力が育ちます。[15] また、夜間の睡眠時間が不足すると、記憶に重要な役割を果たす脳の部位（海馬）の容積が小さくなることも報告されています。記憶に重要な役割を持つ海馬が小さくなると聞くと、親としてはドキッとしますね。

夜間の睡眠中に、脳のごみ掃除が活発に行われることも明らかにされています。[16]「グリンパティックシステム」と名付けられています。活動している脳神経細胞からは、多様なごみ（老廃物）が日々排出されています。このごみのひとつに、アミロイドβ42というものがあります。アミロイドβ42は、アルツハイマー型認知症患者さんの脳内に蓄積し、脳機能を阻害する有害物質です。夜間の睡眠が不足すると、脳のごみ掃除が不十分になり、若者でもアミロイドβ42が脳内に蓄積します。また、睡眠時無呼吸症候群で睡眠不足になった子どもの血液中でもアミロイドβ42の増加が報告されています。[17]睡眠不足を解消すれば、これらの若者でも子どもでも、アミロイドβ42が減少します。

夜間の睡眠が不足すると、脳機能が低下し、集中力・注意力・記憶力・判断力が低下し、日中の眠気を伴い、疲れやすくて不活発になり、イライラして怒りっぽくなります。事故・怪我・失敗が増え、自己評価が低下する原因になります。さらに、慢性的な睡眠不足が続くと、糖尿病、肥満、高血圧症、認知症になる危険性が高くなることも明らかにされています。[18]

これらのことから、**夜間にしっかりと眠ることは、自分らしい人生を歩んでいくための前提条件になる**ことがわかります。

眠りと目覚めをコントロールする4つの仕組み

脳の中には、眠りのシステムと目覚めのシステムがあり、互いにシーソー関係にあります（図「目覚めて・眠る体の仕組み」）。眠りのシステムを強化して眠りやすくする仕組みに、①**「体内時計」**と②**「日中の体と脳の活動」**とがあります。一方、目覚めのシステムを強化して眠りにくくする仕組みには、③**「空腹」**と④**「情動（不安や緊張等）」**があります。

「体内時計」は、規則的な生活が送れていれば、夜間の眠りたい頃にメラトニンの多量分泌と深部体温の低下をもたらし、眠りに誘導します。

目覚めて・眠る体の仕組み

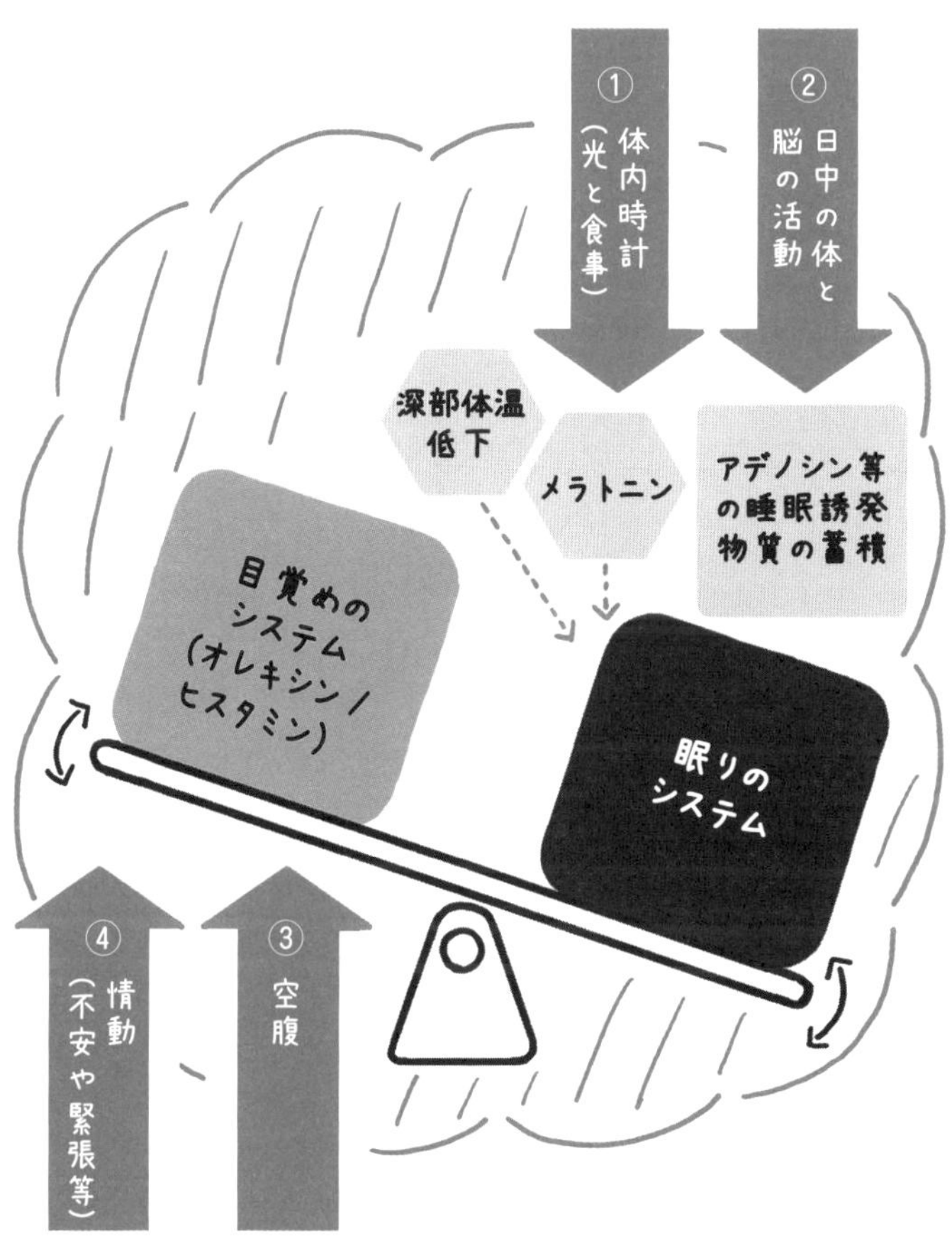

「日中の体と脳の活動」が活発であればあるほど、脳内にアデノシンなどの睡眠誘発物質が蓄積して、眠りやすくなります。そして、睡眠中に睡眠誘発物質は減少し、眠りが次第に浅くなり、目覚めることになります。

一方、「空腹」は胃からグレリン（覚醒作用、食欲増進作用、成長ホルモン分泌促進作用があるホルモン）の分泌を促し、ヒトを目覚めさせます。

「情動（不安や緊張等）」も、脳内オレキシン（覚醒作用があるホルモン）の分泌を促進し、目覚めのシステムを活性化させます。

良い眠りを得るためには、これら4つの体の仕組みを上手くコントロールする必要があります。

乳幼児期の昼寝の役割

眠り続ける力も起き続ける力も育っていない**4歳未満の乳幼児にとって、昼寝は生理的に必要な睡眠です。**4歳を過ぎた体では、通常は概日リズムが身につき、夜間睡

夜間睡眠時間・昼寝・総睡眠時間の昔と今の調査

年齢（歳か月）	谷田貝・高橋調査（2003年）			山下調査（1935-6年）		
	夜間睡眠時間	昼寝	総睡眠時間	夜間睡眠時間	昼寝	総睡眠時間
0.6～0.11	10：08	◎	11：42	11：17	◎	13：02
1.0～1.11	10：20	◎	12：06	10：53	◎	12：19
2.0～2.11	9：41	◎	11：05	10：55	◎	11：40
3.0～3.11	9：41	◎	11：03	10：58	◎	11：18
4.0～4.11	9：42	◎	10：45	10：52		10：55
5.0～5.11	9：44	◎	10：19	10：54		10：55
6.0～6.11	9：45	◎	10：11	10：49		10：49
7.0～7.11	9：26		9：31	10：30		10：30

第３版データでみる幼児の基本的生活習慣より作成[18]

眠中のレム睡眠の割合が大人と同等になり、夜にまとめて眠れるようになります。**4歳以降では、10～11時間程度の夜間睡眠がとれていれば、昼寝は必要ではなくなります。**

乳幼児（生後6か月～8歳前まで）の基本的生活習慣の昔と今とを比較した調査があります[19]。1935～6年の山下俊郎氏の調査と同じ方法で、2003年に谷田貝公昭氏と高橋弥生氏が調査しました（表「夜間睡眠時間・昼寝・総睡眠時間の昔と今の調査」）。これによると、1935～6年の幼児は、就寝時刻が早く、夜間睡眠時間が

10時間30分～11時間程度でした。４歳以降の子どものほとんどが、昼寝を必要としませんでした。一方、２００３年の調査では、幼児期の夜間睡眠時間は9時間30分～10時間程度となり、就学年齢になるまで昼寝を必要とする子どもが少なくなかったと報告されていました。これらの結果は、夜間に十分な睡眠が取れると、昼寝は必要なくなることを示しています。

昼寝は、世界的にみて、年齢・習慣・文化・宗教・気候の違いにより、さまざまな解釈がなされています。ヒトは、太古の昔から、明るい日中に活動し、暗い夜間に眠る生活を繰り返してきました。体内時計がつくる概日リズムにより、〝日中の体〟と〝夜間の体〟は異なります。〝日中の体〟でとった睡眠と〝夜間の体〟でとった睡眠とでは、睡眠の質が違います。**脳のごみ掃除（グリンパティックシステム）は、夜間の深い眠りの際に最も効率的に行われます。昼寝に夜間睡眠の代わりはできません。**４歳以降の昼寝は、夜間の睡眠不足を補うための睡眠と理解すべきです。

なお、**昼寝が1日1回で済む年齢になれば、昼寝は15時までに終える**のが理想です。昼寝が夕方にかかると、夜の寝つきが悪くなります。

第３章

良い眠りを得るために

夜泣きの予防と対処法

乳幼児の眠りを育てる12箇条

眠りに影響する要素には、次の8つのことがあります。

睡眠に影響すること8つ

A. 体内時計
B. 日中の体と脳の活動
C. 空腹
D. 情動（安心できる環境づくり）
E. 寝室環境
F. 睡眠スケジュール（望ましい夜間睡眠と昼寝の確保）
G. 寝つく力（眠りに入る）

H．眠り続ける力（途中で目覚めた際に、再度眠りに入ることができる力）

良い眠りを得るためには、これら8つの要素をふまえた「乳幼児の眠りを育てる12箇条」によって、体づくりと環境づくりをする必要があります。この12箇条を実施することは、夜泣きを予防することに役立ちます。また、起こってしまった夜泣きの自宅での対処法にもなります。そして、「眠るのが上手でない体質」のために〝ひどい夜泣き〟（乳幼児慢性不眠障害）になった場合も、その症状を軽くすることが期待できます。

まず、「乳幼児の眠りを育てる12箇条」をご紹介します。その後に、年齢別の具体的な実践方法（0〜1か月、2か月、3〜5か月、6〜9か月、10〜14か月、15〜18か月、19か月〜3歳）についてお伝えします。

乳幼児の眠りを育てる12箇条

眠りに影響する要素

A、体内時計を育てる
B、日中に体と脳を働かす
C、空腹を避ける
D、安心できる環境をつくる
E、寝室環境を整える
F、睡眠スケジュールを整える
G、寝つく力を育てる
H、眠り続ける力を育てる

乳幼児の眠りを育てる12箇条

①明暗（昼夜）リズムをつける
②眠る1時間前からは強い光を見せない
③入浴は遅くとも眠る1時間前までに済ませる
④規則的な生活をさせる
⑤日中に活動させる（遊ばせる）
⑥夜中、空腹にさせない（年齢に応じた対応をする）
⑦不安・緊張の少ない生活環境づくりに努める
⑧寝るための専用スペースをつくる
⑨寝るための専用スペースを安全・快適にする
⑩望ましい夜間睡眠時間を確保する
⑪寝る前の決まり事（入眠儀式）により、寝る時刻が来たことを子どもに理解させる
⑫睡眠の途中で目覚めた時に関わり過ぎない

体内時計を育てる

有史以前から、地球の自転がつくる昼（明）と夜（暗）の繰り返し（明暗リズム）の中で、人間は昼に活動し、夜に眠る生活を繰り返してきました。夜行性の猛獣・サソリ・マムシやハブなどがいる危険な環境下でも、人間は夜には眠り続けてきました。夜の眠りの間に脳と体を成長・修復・回復させ、昼は食べものを求める活動を人間は繰り返してきたのです。

この昼夜の生活活動の違いを支えるため、全身の細胞内に存在する体内時計のコントロールが働き、神経や内臓の機能・自律神経バランス・ホルモン分泌などが昼夜で変化し、〝活動しやすい昼向きの脳と体〟と〝眠りやすい夜向きの脳と体〟とがつくられます（概日リズム、第2章参照）。出生後間もない子どもでは、この体内時計が十分に機能していません。体内時計を育てる方法、〝眠りやすい夜向きの脳と体〟をつくる方法について解説します。

昼と夜でリズムのある生活環境をつくる

乳幼児の眠りを育てる12箇条　①昼夜（明暗）リズムをつくる

まずは、明暗（昼夜）リズムのある生活環境をつくりましょう。朝7時から19時までの昼間の12時間は「明るくて賑やかで活動的な生活環境」、19時から翌朝7時までの夜間の12時間は「暗くて静かで穏やかな生活環境」の確保に努めましょう。

朝に眼から入る明るい光刺激は、脳を目覚めさせ、一番重要な脳にある体内時計（中枢時計）をリセットさせます。その時点から、脳の体内時計の24時間が始まります。この脳の体内時計には、オーケストラの指揮者のように、全身の体内時計の時刻を調整する役割があります。そのため、脳の体内時計の時刻合わせは重要です。〝活動しやすい昼向きの脳と体〟をつくる指令が全身の細胞・内臓に伝えられます。そして、目覚めてから時を刻み始めた体内時計が、12時間以上（成人では14～16時間）経ったころに、暗い環境でメラトニン（眠らせる作用があるホルモン）が分泌され、〝眠りやすい夜向きの脳と体〟がつくられます。そして、このメラトニン分泌は、翌朝に眼から入る光刺激によって止められます。このような体内時計の仕組みを適切に育てるためには、**出生後すぐから規則的な明暗リズムを維持する**ことが大切です。

明るすぎない静かな夜をつくる

昔は、「暗くて静かな夜の生活環境」は、苦労せずに得ることができました。動植物の油やろうそくを使った灯りが使われた時代、夜の灯りは大名・豪商などの限られた人や宗教行事などの特別な場所や場面に限られていたようです。十分な灯りのない暗い夜に出歩く人は少なく、夜は静かであったようです。人々は、明るいうちに食事

朝、脳の体内時計がリセットされて24時間がスタート

も入浴も済ませ、暗くなったら眠る生活をしていました。しかし、１９１０年ころから白熱灯が普及し始め、１９６０～１９７０年に蛍光灯が各家庭に普及し、現在は白色ＬＥＤ（１９９６年に開発）が急速に普及し、明るくて賑やかな夜がつくられるようになりました。この人工的な明るい夜が、24時間活動の社会をもたらし、子どもも大人も夜更かしになり、夕食の時刻も入浴の時刻も遅くなり、眠りにくい社会が出来上がりました。

現代は、親・大人がかなり意識して、「暗くて静かで穏やかな夜の生活環境」をつくらねばならない時代になりました。これは、母親一人の工夫だけでは難しく、家族みんなの協力が欠かせません。例えば、夜の遅い時刻に帰宅した父親は、子どもの健康のことを考え、子どもと遊ぶことを控えねばなりません。そして、19時以降の室内の灯りは、照度を落としたり、**白色ＬＥＤの照明器具では夜間モードの暖色系色（オレンジ色）**に切り替えたりして、明る過ぎない夜をつくる工夫が必要です。

一方、昼間の12時間は、自然光のもと、家族や兄弟の話し声や家事に伴う音など適度な賑やかさが望まれます。一定の年齢では外遊びが推奨されます。太陽の光を適度に浴びてビタミンD不足にもならないように注意しましょう。

光により眠りにくくなる理由

乳幼児の眠りを育てる12箇条　②眠る1時間前からは強い光を見せない

〝眠りやすい夜向きの脳と体〟をつくるには、眼から入る光のコントロールが重要です。通常は、朝に眼から入る明るい光刺激が、脳の視交叉上核にある体内時計（中枢時計）をリセットさせ、メラトニン（眠らせる作用があるホルモン）の分泌を抑制し、目覚めさせます。ところが、夜の眠る1時間前に強い光を浴びると、夜のメラトニン分泌を止めるとともに、脳の体内時計（中枢時計）を混乱させ、眠りにくい状態がつくられてしまいます。問題となる強い光の正体は、**ブルーライト（波長が380**

〜500ナノメーター：青色光）です。その中でも、**460〜480ナノメーター波長の成分が避けるべきブルーライト**といわれています。この波長は、太陽光を含むあらゆる灯りに含まれていますが、**白色LEDには特に大量に含まれています**（次の図「白色LED、蛍光灯、白熱灯の光波長の比較」[20]）。

白色LEDは、長寿命で節電にもなることから広く普及しています。室内照明・街灯などの照明装置やスマートフォン・タブレット・パソコン・テレビなどの液晶画面のバックライトなど、身近なところでもよく使われています。

LED照明に受ける恩恵は数多くありますが、2016年、米国医師会は、白色LEDが及ぼす健康や環境への悪影響を心配し、次のような声明を出しました。

「省エネと化石燃料（石炭・石油・天然ガス）使用削減につながるLED照明の普及に賛成するが、ブルーライトを最小限に抑えた眩しすぎないLED照明を開発すべき、そして夜間のLED照明は3000K（電球色相当の色温度）を超えないようにすべき」という声明です。[21]

また、日本の照明学会では、**昼光色LEDランプや電球色LEDランプにすると、**

白色 LED、蛍光灯、白熱灯の光波長の比較 (20)

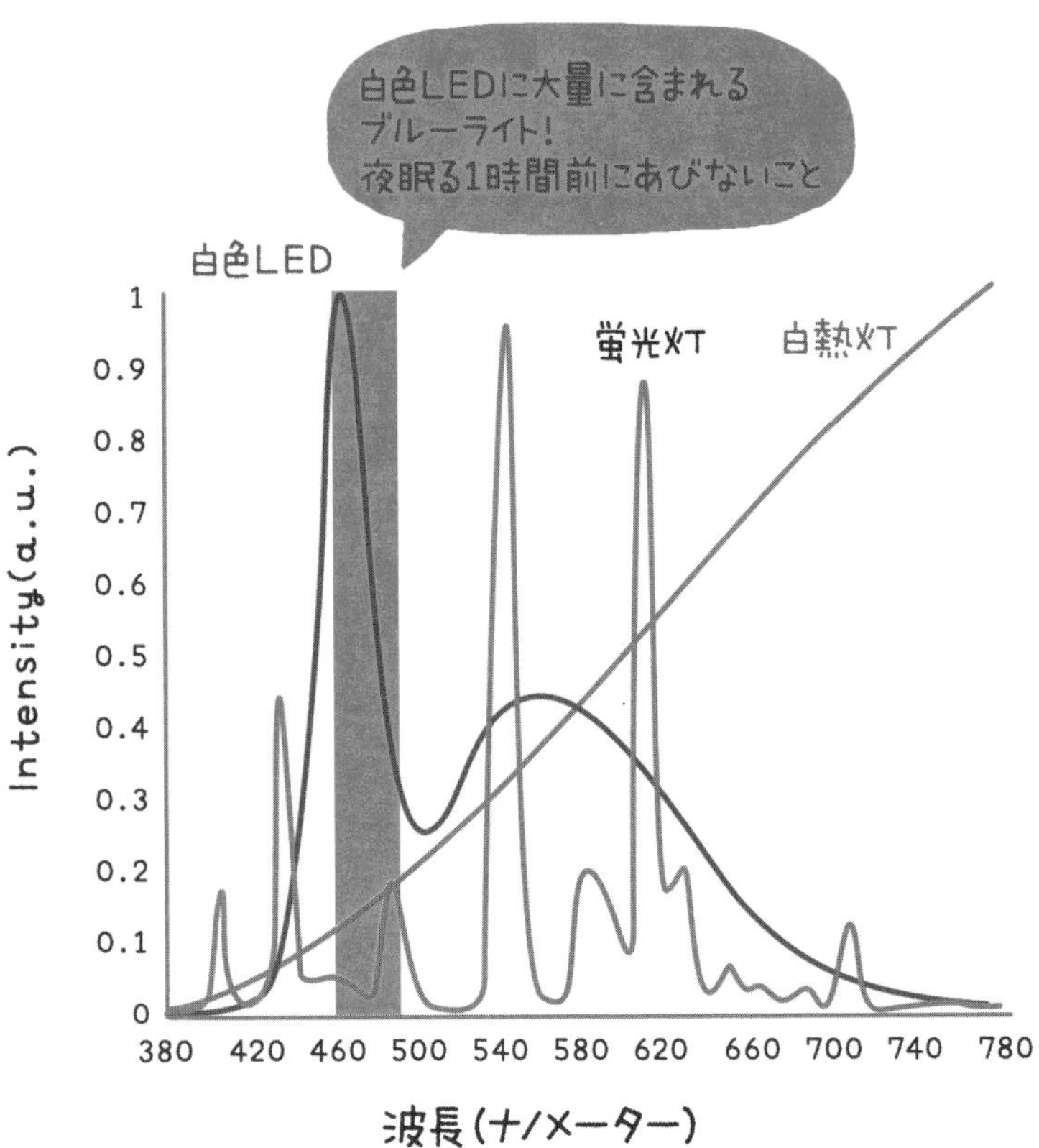

460～480ナノメーターの波長成分をかなり減らすことができると報告しています。(22)

体内時計を混乱させないために、眠る1時間前から強い光を浴びないようにしましょう。眠る1時間前に過ごすリビングなどの灯りは、

① 照明器具の照度を落とす

② 白色LED照明で切り替え装置がついている照明であれば、暖色系色（オレンジ色）照明に切り替える

③ スマートフォン・タブレット・パソコン・テレビなどの液晶画面は見ないようにしましょう。

LED電球を選ぶ際の目安

部屋の広さに見合った**明るさを示すルーメン（lm）と、人への影響を示す色温度（ケルビン：K）**の二つの目安があります。

色温度の目安は、自然界では晴天の青空が12000K、曇り空が600

0～6500K、満月の夜が4100K、夕焼けが2500Kです。人工の光では（JIS規格）、昼光色が5700～7100K、昼白色が4600～5500K、白色が3800～4500K、温白色が3250～3800K、電球色が2600～3250Kです。

3000K程度は人に安らぎや落ち着きを与える作用があるといわれています。6000～7000K程度の昼光色は人を覚醒させ、緊張感まで与えるといわれています。

室内照明を選ぶ際、ルーメンだけでなく、ケルビン（色温度）も考慮に入れる必要があります。通常の部屋の灯りは昼白色を使い、眠る1時間前からは安らぎの電球色に切り替えることをおすすめします。昼光色は強い明かりですので、物置や衣裳部屋向きかもしれません。

深部体温が下がると眠くなる

乳幼児の眠りを育てる12箇条　③入浴は遅くとも眠る1時間前までに済ませる

真夏日や猛暑日に伴う熱帯夜は、暑くて寝苦しい夜になります。このような日は、熱中症も心配ですが、眠りにくくて睡眠不足になってしまいます。熱帯夜は、なぜ眠りにくくなるのでしょうか？

それは、気温の影響で室温が高くなり、体の深部体温が下がりにくくなるためです。人間には良い眠りを得るために、体内時計によるコントロールと、メラトニンによる作用で、深部体温を下げる仕組みがあります。メラトニンには、手足の血流を増やす働きもあります。手足の皮膚の体温が少し温かくなり、そこから気化熱により体温が少しずつ奪われて、深部体温が下がり、眠たくなって眠りに入ります。

深部体温とは、からだの深い部分の体温、すなわち脳や内臓における体温のことです。深部体温が下がれば、眠りに入って体の動きが少なくなり、脳や内臓の働きも穏やかになり、体全体の消費エネルギーが低下します。

そのため、夕食がしっかりとれるようになると、深夜に空腹を感じて目覚めることがなく、翌朝までまとめて眠れるようになります。

乳幼児のお風呂は昼間〜夕方に

さて、入浴は、体を温めて深部体温を上げることになり、眠りに入る仕組みを抑制し、目覚めさせてしまいます。眠る直前に入浴すると、寝つきが悪くなります。眠りに入る仕組みをつくりだす体内時計の働きを邪魔しないために、**眠る1時間前までに入浴を済ませる**ことをおすすめします。

なお、熱めの湯で入浴する習慣がある家庭では、体のほてりが治まる時間を加えて、より早めの時刻に入浴されることをおすすめします。入浴後しばらくすると、皮

深部体温が下がると眠くなる

膚からの気化熱で体温が奪われ、深部体温が低下しやすくなり、眠りやすくなります。

つまり、入浴する時刻に注意してください。入浴時刻が遅くなればなるほど、寝つける時刻が遅くなります。意図せずに、夜更かしになる契機になってしまい、体内時計を整えることに苦労します。

乳幼児の入浴の時間帯は、昼間から夕方をおすすめします。19時までに済ませることが望ましいです。お父さんが、子どもを風呂に入れたいならば、早めの帰宅をお願いします。

規則的な生活が必要なわけ

乳幼児の眠りを育てる12箇条　④規則的な生活をする

数十兆個の細胞からなる人間の体には、数十兆個の体内時計が存在します。

これらの体内時計は、日常生活での行動を目安に時刻合わせをしています。脳の視交叉上核にある体内時計（中枢時計）は、目覚めた時に眼から入る光の刺激により、24時間の時刻合わせをしています。

脳以外の細胞や内臓の体内時計は、自律神経やホルモンを介した脳の体内時計（中枢時計）からの指令だけでなく、各細胞や内臓の機能に合わせた刺激によっても時刻合わせをしています。

例えば、胃腸の体内時計は、食べた物が胃腸に入ってきた時刻を目安に時刻合わせをしています。また、筋肉や骨にある体内時計は体の動きを目安にしています。したがって、体内時計をしっかり育てるためには、**光が眼から入る起床時刻、メラトニン分泌と深部体温低下が影響する就寝時刻、胃腸に食べ物が入る食事の時刻、からだを動かし始める時刻などをほぼ定めた規則的な生活が必要**です。

体内時計の時刻合わせ

入眠・起床・食事の時刻は
毎日ほぼ同じ時刻に
ズレは1時間以内におさめよう

起床時刻は、毎朝7時までに明るい光刺激を入れて、脳の体内時計（中枢時計）の時刻合わせをすることをおすすめします。カーテンを開けて、太陽の光を室内に入れることができれば理想的です。

就寝時刻は、望ましい夜間睡眠時間を目安にすると自ずと定まります。例えば、朝7時の起床までに夜間睡眠時間10時間を確保するには、前日の夜21時には就寝しなければなりません。

年齢別の望ましい夜間睡眠時間の目安

- ●生後6か月〜6歳――10〜11時間（4歳ころまでは、別に昼寝が必要です）
- ●7〜10歳（小学1〜4年生）――10時間
- ●11〜12歳（小学5〜6年生）――9〜10時間
- ●13〜15歳（中学1〜3年生）――8〜10時間

●16歳以上（高校生以降）――7～9時間

これらは、年齢に応じた望ましい睡眠時間（P.58表「子どもにとって望ましい睡眠時間」）や山下俊郎先生の調査結果（P.63表「夜間睡眠時間・昼寝・総睡眠時間の昔と今の調査」）などを参考に、当院夜泣き外来に睡眠障害のために受診される子どもたちの姿から作成しました。

なお、望ましい夜間睡眠時間にも個人差があります。示した目安によって定めた就寝時刻と起床時刻の妥当性を、その子の起床時と日中の姿で評価する必要があります。朝は、目覚まし時計の世話にならずに、自分で目が覚める、そして、機嫌が良くて、日中の眠気がなければ、良い夜間睡眠がとれていたと評価できます。

朝の授乳・朝食で体内時計が動き始める

次に、食事の時刻です。朝の授乳や食事によって、胃腸が目覚め、体内時計が動き始めます。起床後に朝の授乳や食事を摂らないと、脳の体内時計と胃腸の体内時計にズレが生じ、胃腸障害などの体調不良を起こしやすくなります。保育園・幼稚園・認定こども園・小学校・中学校と進むにつれ、社会とのかかわりが増えていき、朝は忙しくて時間の余裕が無くなるかもしれません。朝食を準備しても、十分に食べてくれないことがあるかもしれません。その際には、朝食はコップ一杯の牛乳など少量でも良いと割り切りましょう。**少量でもカロリーのある食べ物を胃腸に入れると、脳と胃腸の体内時計の時刻のズレを防ぐことができます。**

●ソーシャル・ジェットラグ

さて、規則的な生活をすることの大切さは、海外旅行の時差ぼけの調査・研究からも明らかにされています。時差ぼけとは、数時間以上の時差がある地域に航空機で時間をかけずに移動した時に起こる心身の不調です。移動先の現地時刻と体内時計の時刻のズレにより起こります。主な症状は、疲労感、倦怠感、意欲の低下、集中力や判断力の低下、睡眠障害（寝つけない、途中で目覚める、睡眠不足なのに早朝に目覚める）、胃腸障害、頭痛などです。移動先の現地時刻に体内時計を合わせることができて、時差ぼけ症状が消えるまでに、通常は数日間から1週間程度かかります。なお、1～2時間程度の時差では時差ぼけ症状は出ないことから、1日1～2時間程度の時刻の違いには無理なく順応できるようです。

このような時差ぼけの症状は、日本国内に居ても起こります。不規則な生活を送り、就寝時刻や起床時刻に2～3時間以上のズレが生ずると、体内時計の調整が上手くいかず、心身の不調をきたし、日本国内に居るにもかかわらず、時差ぼけ状態がつくり出されます。このことを「**ソーシャル・ジェットラグ**」と言います。2006年にドイツの時間生物学者ローネベルグ博士が提唱した概念です。

就寝時刻・起床時刻・食事の時刻のズレは1時間程度に

平日と休日の過ごし方に大きな違いがある生活や夜勤業務のある生活では、起床時刻が2～3時間以上ズレることがしばしば起こります。また、長期休暇などで習慣づいた夜更かし朝寝坊型の生活リズム（体内時計）でも起こります。起床時刻がズレると、光が眼から入る時刻がズレて、脳の体内時計（中枢時計）は混乱します。そして、食事の時刻も乱れがちになり、体を動かし始める時刻も日による違いが生じます。全身の細胞の体内時計の時刻合わせが難しくなり、細胞や内臓が調和のとれた動きができなくなり、心身の不調が起こります（次の図「夜更かし・朝寝坊型体内時計にズレ始め」、図「夜更かし・朝寝坊型体内時計になった体のリズム」、図「社会生活の時刻と体内時計の時刻が完全にズレた状態」）。

さらに、**子どもでは、自らの体調不良を認識する力やそのことを伝える力が不十分なため、大人から見て気になることや困ったことが増え、育てにくさを感じる原因になっている場合があります。**

就寝時刻・起床時刻・食事の時刻のズレが1時間程度におさまるような規則的な生活をすることは、体内時計を適切に育てるだけでなく、毎日の生活での気になることや困ったことを減らすことにつながります。

2章P.53の図「概日リズムと生活リズム」をご覧ください。それが、地球の自転がつくる24時間の時刻、社会生活の時刻、体内時計の時刻の3つが適切に調整されている、バランスの良い通常型です。

これがずれ始めると、次の図「夜更かし・朝寝坊型体内時計にズレ始め」のようになります。このズレがズレた状態で固定されてしまうと、図「夜更かし・朝寝坊型体内時計になった体のリズム」のようになります。これは、社会的制約がない長期休暇などに起こります。新型感染症による休校が続いた状態などでも起こりやすくなります。休校が長引いたり休日がずっと続くようであれば、それなりに安定した状態になります。

そして図「社会生活の時刻と体内時計の時刻が完全にズレた状態」はそこで社会生

夜更かし・朝寝坊型体内時計にズレ始め

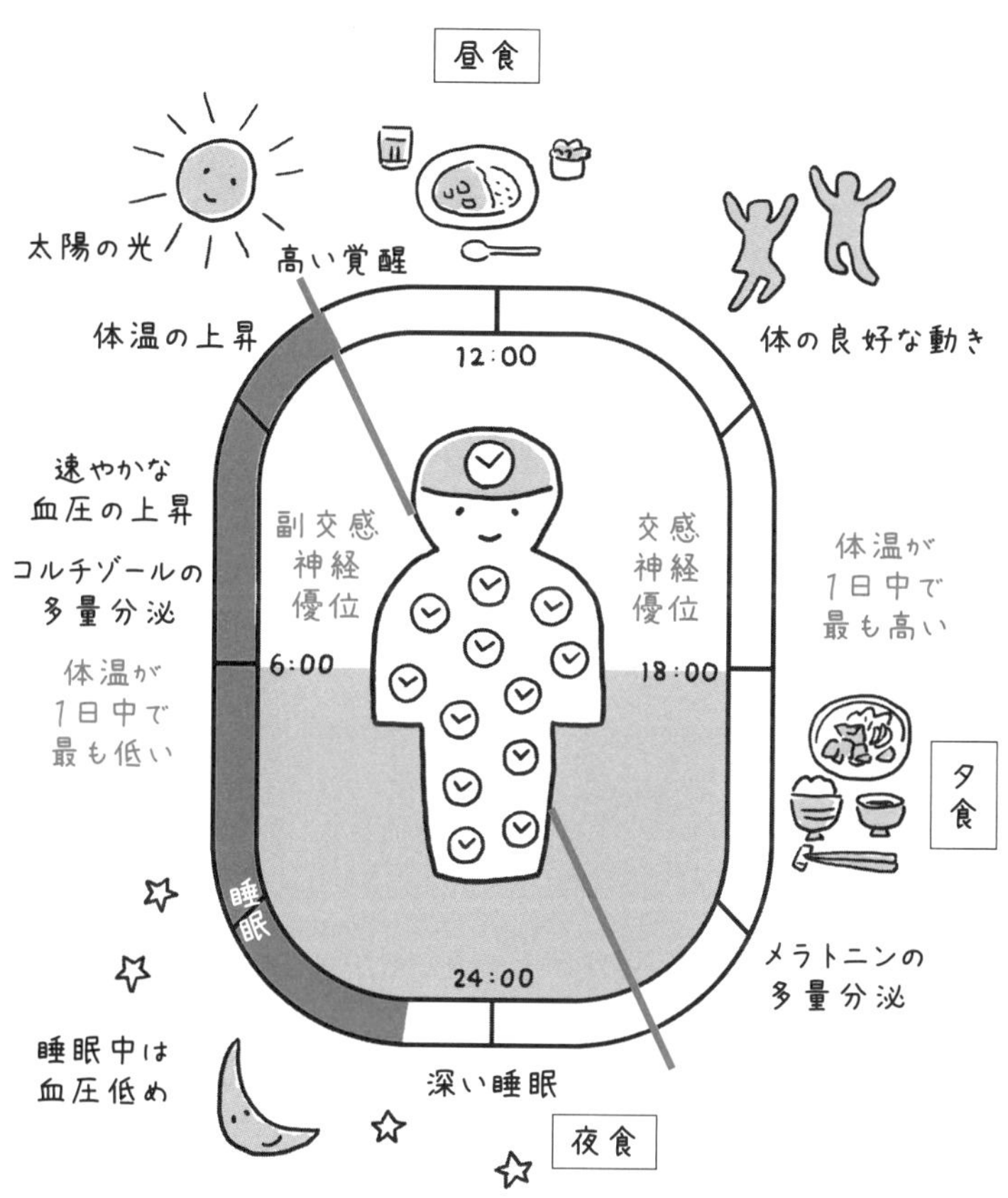

休日・長期休暇、シフトワークなどで、光が目から脳に入る時刻がズレると体内時計の時刻にズレが生じ始める

夜更かし・朝寝坊型体内時計になった体のリズム

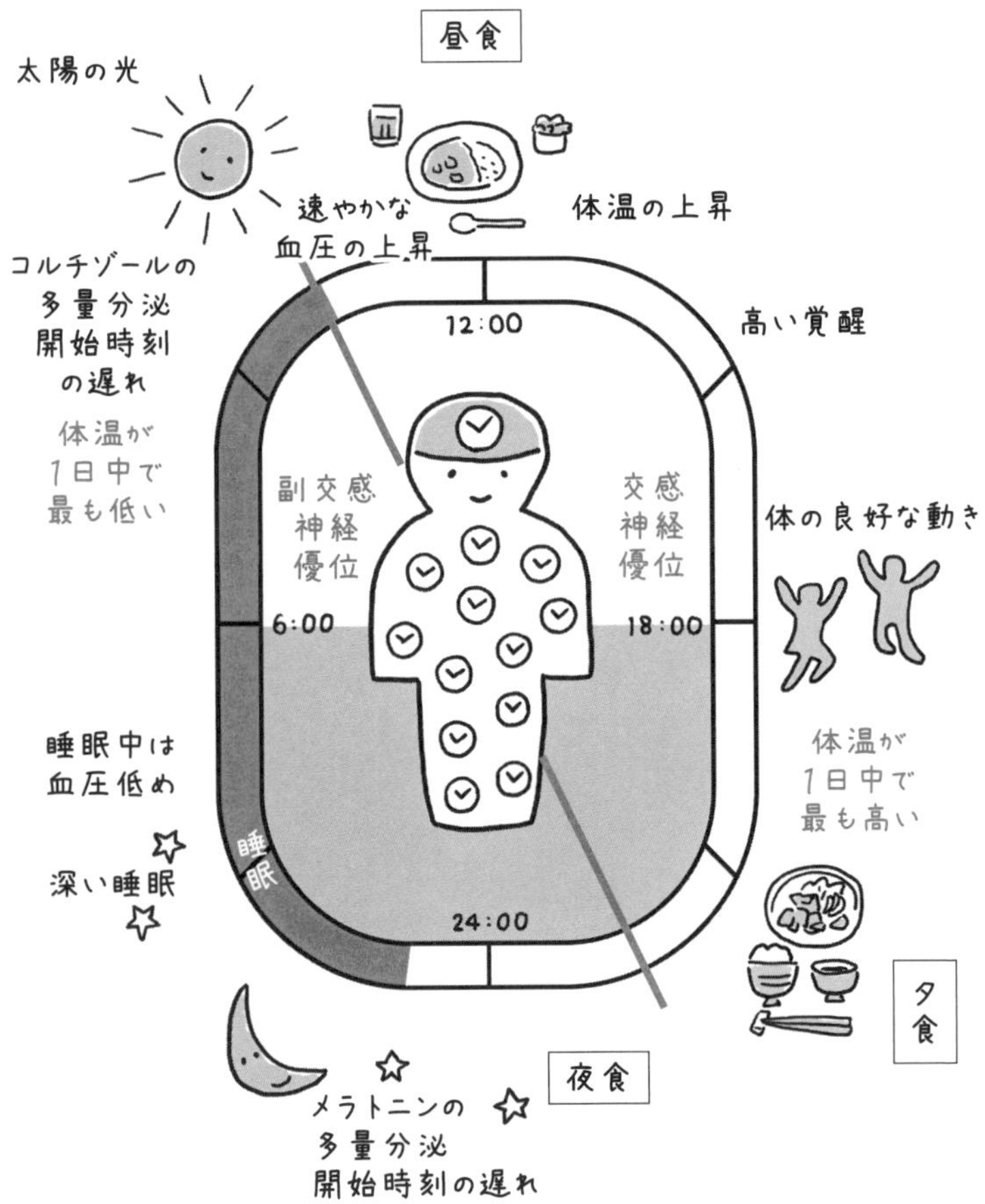

地球の自転がつくる24時間の時刻とは異なった生活の時刻に、体内時計の時刻を合わせることができた状態

社会生活の時刻と体内時計の時刻が完全にズレた状態

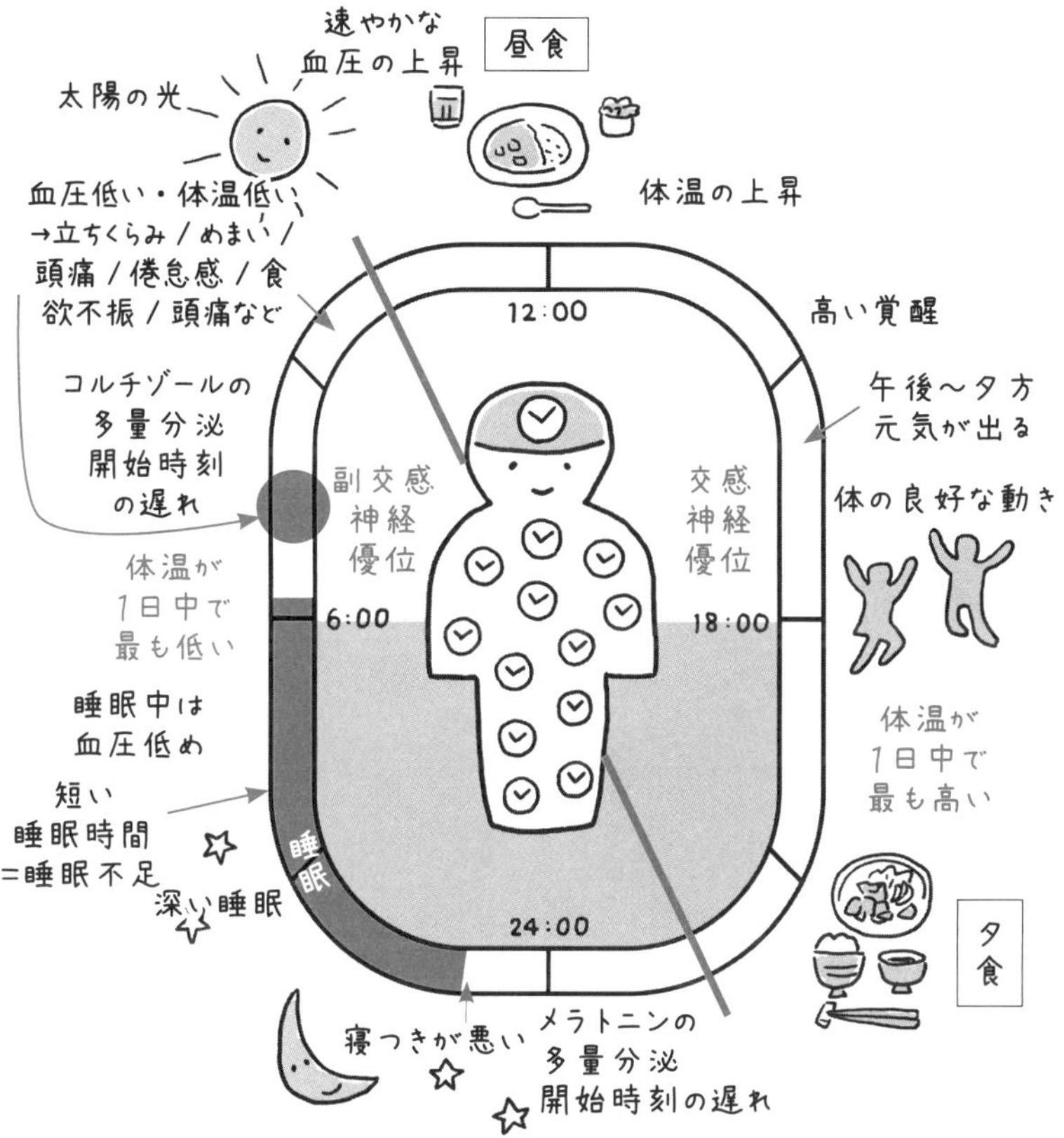

地球の自転がつくる24時間の時刻に合わせた社会生活を始めた時、社会生活の時刻にそれまでの狂った体内時計の時刻を合わせることができず、自律神経やホルモンの機能が乱れ、体調不良になる。この体調不良がきっかけになって、学校・社会生活が辛くなる人がいる。特に、起立性調節障害の体質があると、症状がより重くなるので注意が必要

活が始まった状態です。図「夜更かし・朝寝坊型体内時計になった体のリズム」で出来上がった体質から通常生活に戻そうとする際に辛くなる状態です。

良い眠りは日中の活動（遊び）がもたらす

乳幼児の眠りを育てる12箇条　⑤日中に活動（遊ばせる）

眠りのシステムの調節は、「体内時計」と、「日中に脳と体を動かしたことで、脳内に蓄積する睡眠誘発物質の量」の組み合わせで行われています。体内時計がつくる〝活動できる昼向きの脳と体〟と〝眠れる夜向きの脳と体〟に合わせて、目覚めと眠りを感じる程度が変化するリズムがあります（図「眠りのシステムを調節する2つのリズムとプロセス」）。

眠りのシステムを調節する２つのリズムとプロセス

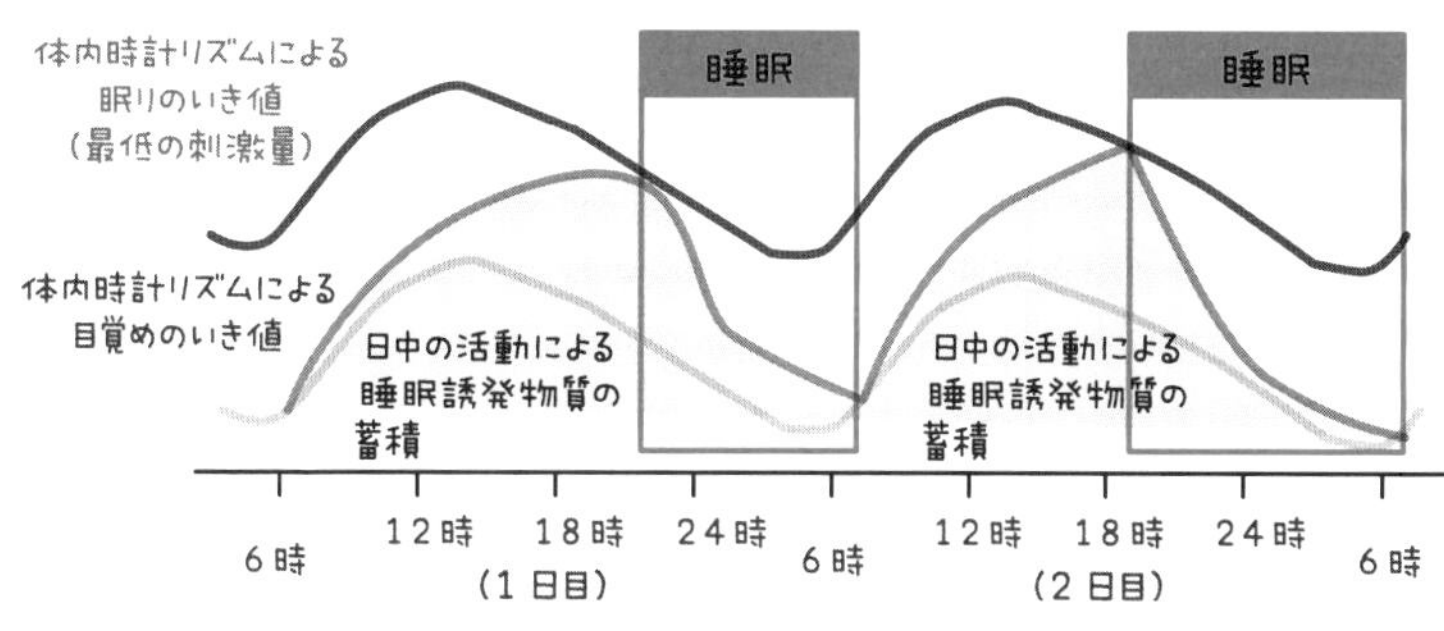

それに対して、図の1日目のように、日中の活動によって蓄積する脳内の睡眠誘発物質が一定の限度に達すると、人は眠りに入ります。眠りに入ると、眠りの前半部分に現れる深いノンレム睡眠期に睡眠誘発物質は効率よく減少し、その後も減少し続け、眠りが浅くなっていきます。そこに、体内時計による〝活動できる昼向きの脳と体〟の準備が整ってくると、目が覚めます（ボルベイのツー・プロセスモデル）[23]。また、図の2日目のように、日中に、より活発に活動すると、睡眠誘発物質がより早く蓄積し、より早い時刻から眠れるようになります。

　一方、日中の活動量が少ないと、睡眠誘発物質が眠りの閾値（いきち：ある反応を起こさせる、最低の刺激量のこと）にまでたどり着かず、夜になっても寝つけません。このように、**良い眠りを得るためには、日中にしっかり活動する（遊ぶ）**ことが大事です。

昼間に体を動かさなかったり、昼寝をし過ぎると、夜の寝つきが悪くなり、眠りが浅くて途中で目覚めたり、翌朝の目覚めが悪く、時に生活リズムが乱れて体調までも崩れることがあります。体験された方もいらっしゃるのではないでしょうか。高齢者の介護現場ではしばしば問題になることのようです。昼間にじっとして動かないと、夜間に何度も目が覚め、昼夜逆転の生活リズムにまでなってしまう場合があるようです。

幼い子どもの時から、この眠りの仕組みは機能していますので、日中に活動する・遊ぶことは大切です。**しっかり活動する・遊ぶことは、眠りに良いだけでなく、体や脳の機能にとっても大事なことです。活動・遊びを通して、いろいろな経験を積み重ね、そこから学んだ動きや工夫が脳と体を育てます。**

その子の発達段階に応じた活動・遊びがありますが、体を動かす外遊びや自由遊びをできるだけさせてあげたいですね。自由遊びとは、子ども自身が自由にルールをつくって、自由な発想で想像を膨らませながら遊ぶことです。また、幼い時から、五感に心地よい刺激を与える体験（美しい花をみせる、楽しい音楽を聞かせるなど）をたくさんさせてあげたいものです。乳幼児期に感覚を通して脳に染み込んだ心地よさは、その子が世の中を見る時の価値判断の基準にもなるようです。

電子機器との付き合い方を知ろう

子どもの世界に、タブレット・スマホ・テレビなどの安易な使用が広がっています。魅力的なキャラクターや内容が準備され、子どもをタブレット・スマホ・テレビの虜にさせています。平たい２次元の画面から流れる情報には一方的なものが多く、子どもの脳の育ちに偏りを生じさせる心配があります。

実際、幼児期に１日１時間以上視聴した子どもでは、言葉や読み書き能力の発達に悪い影響がある可能性が米国から報告されています。[24] また、限られた面積の液晶画面を見続けることで、眼球の動きが悪くなった子どもは少なくないようです。液晶画面からの光は、網膜に負担をかけ、眠りを妨げ、脳の体内時計を混乱させます。

悪いことばかりのようですが、これから向かう社会では、タブレット・スマホ・パソコン・テレビは不可欠な道具であることは疑いようのないことです。そこで、乳幼児期のタブレット・スマホ・パソコン・テレビ（メディア機器）との付き合い方を、日本小児科医会の提言[25]、米国小児科学会の提言[26]、WHOガイドラン[27]を参考にしてまとめました。

乳幼児期のタブレット・スマホ・パソコン・テレビ（メディア機器）との付き合い方

① ２歳まではメディア機器を使わせない、

② ２歳過ぎから５歳までは大人とともに高品質のプログラムを１日１時間未満で使用（短ければ短いほど良い）

③ メディア機器を使っていない時は電源を切る

④ 医療現場や飛行機搭乗中に子どもの気持ちを落ち着かせる目的での必要

最小限の使用は許される

⑤ 子どもが見ている内容を点検する

⑥ 授乳中・食事中、親子で遊ぶ時にメディア機器の使用は禁止する

⑦ 寝室や子ども部屋にメディア機器を置かない

⑧ 眠る1時間前からメディア機器の使用は禁止する

また、小学生・中学生でも、学習以外で使用するメディア機器は1日1時間程度が推奨されています。

月齢・年齢別空腹の避け方

乳幼児の眠りを育てる12箇条　⑥夜中、空腹にさせない（年齢に応じた対応をする）

生きていくために、眠るよりは食べることを優先させる体の仕組みがあります。食べる力が十分に育っていない乳幼児では、その子の発育・発達に合わせて、空腹のために夜中に目覚めることがないような工夫が求められます。

生まれて間もなくから生後2か月ころまでは、一度に授乳できる量は多くありません。胃に入った母乳・ミルクは速やかに腸に移動して、消化吸収されます。赤ちゃんは母乳やミルクをしっかり飲んでも、2～4時間後には空腹を感じて、目覚めます。また母乳やミルクを飲まなければなりません。もしも眠りが深くなり過ぎて、空腹になっても目覚めることができなければ、低血糖や栄養不良になってしまう危険性があります。そのため、生後2か月ころまでは、50〜60分毎に浅い眠りと深い眠りが繰り返され、一度に飲むことができた量によってつくられる空腹リズムで覚醒（目覚め）の閾値（反応を起こさせる刺激量）が下がり、眠りのリズムで眠りが浅くなったタイミングで目覚めることができるという仕組みがあります。そして、飲んだ後は、空腹リズムによる覚醒の閾値が上がり、睡眠欲求が強くなり、再び眠りに入ります。そして、覚醒の閾値が高い状態（目覚めにくい状態）がしばらく続きます（次の図「0〜2か月の子の空腹リズムと睡眠リズムの変化」）。

体が成長するにつれ、一度に飲むことができる哺乳量が増え、空腹を感じるまでの時間が長くなります。また、浅い眠りと深い眠りを繰り返す眠りのリズムの周期も少しずつ長くなります。そのため、生後5－6か月ころになると、夜間に起きる回数が1回程度に減っていきます（図「5〜6か月の子の空腹リズムと睡眠リズムの変化」）。

10〜18か月ころには、1日3回の食事のリズムがつくようになり、日中にしっかり遊んで、夕食をしっかり食べてくれると、朝までまとめて眠れる子が増えていきます。

0～2か月の子の空腹リズムと睡眠リズムの変化

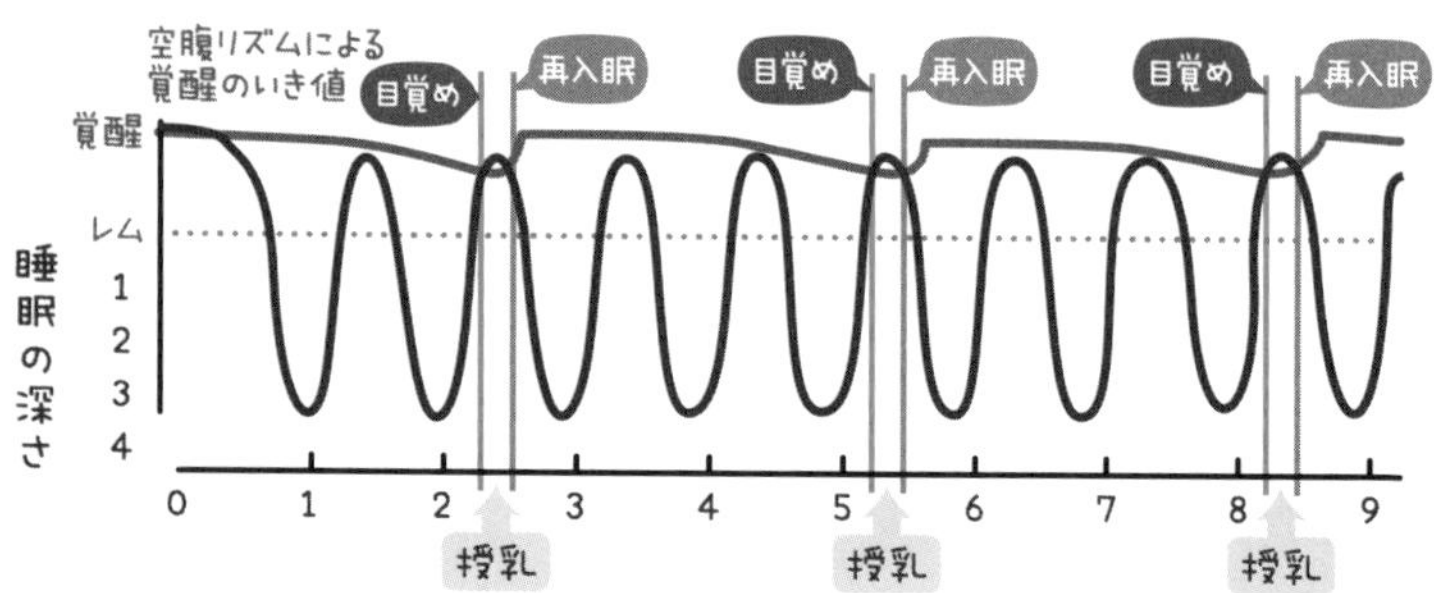

5～6か月の子の空腹リズムと睡眠リズムの変化

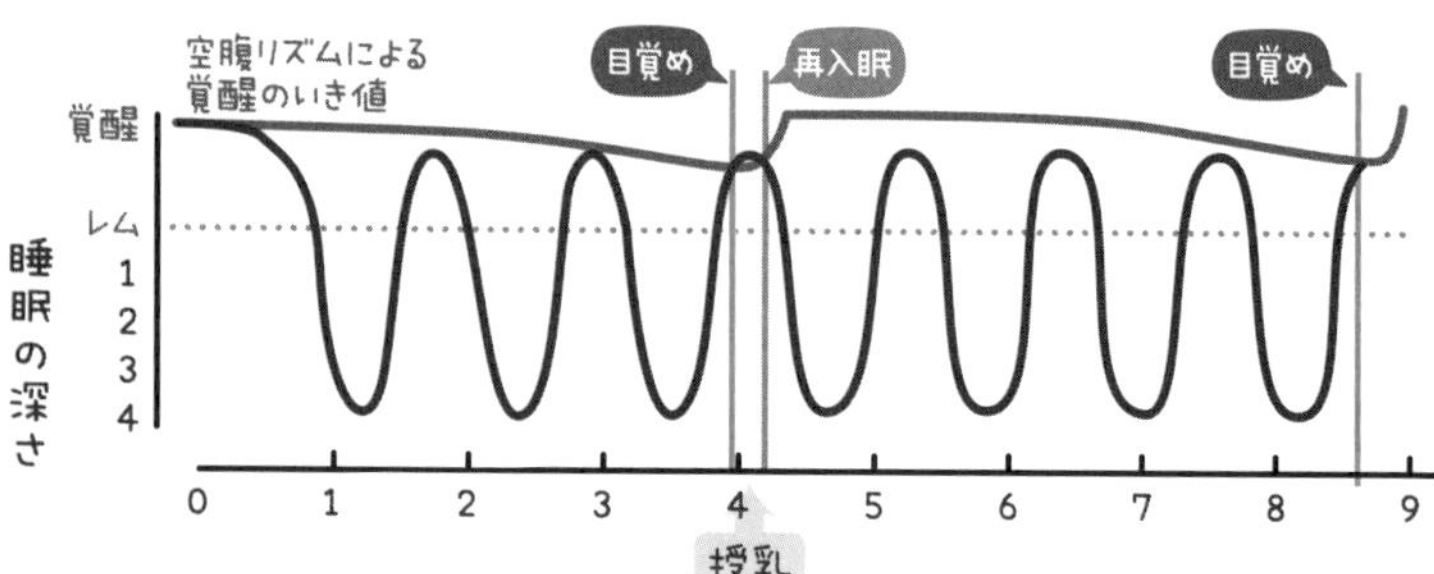

3歳ころの空腹リズムと睡眠リズムの変化

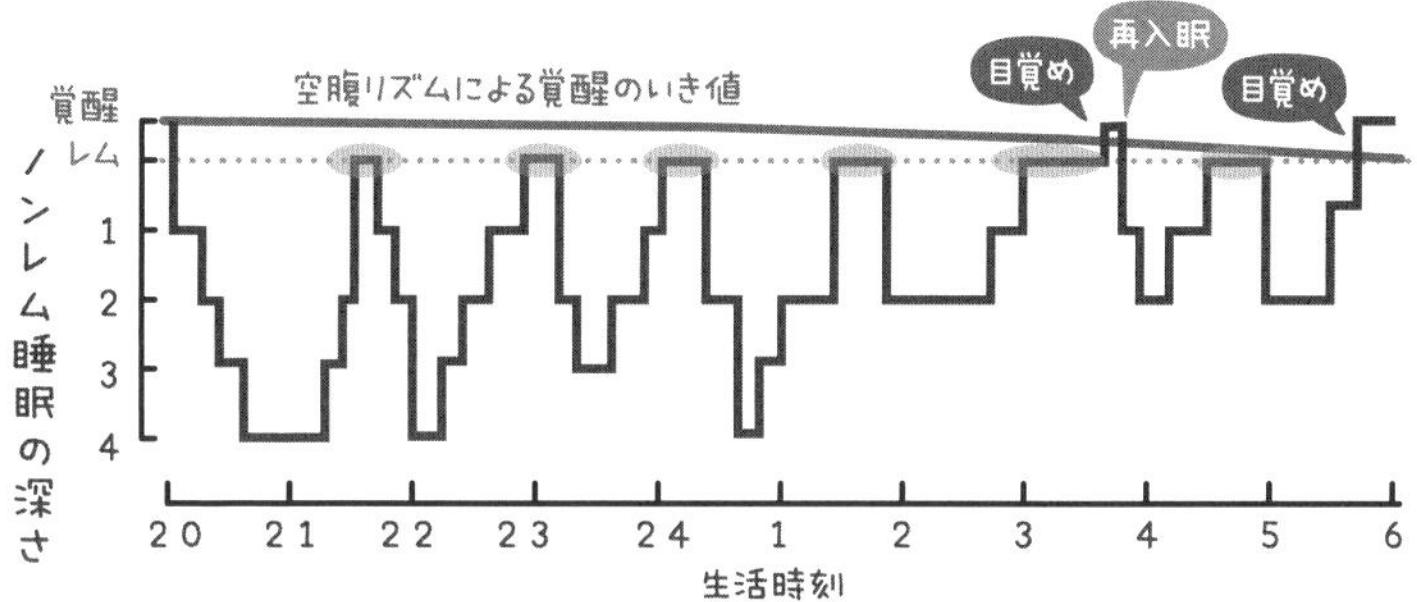

明け方に眠りが浅くなり、夢をみて一旦目覚めたけれど、家族がまだ眠っているのですぐに眠りに戻った。睡眠時間が10時間程度になり、脳内の睡眠誘発物質が少なくなり、空腹感が強くなって自分で目覚めた

そして、3歳ころには、眠りの質が成熟し、夢を見るレム睡眠の比率が減少し、深い眠りと浅い眠りの繰り返しの周期が長くなります。日中にしっかり活動し、夕食をしっかり食べると、睡眠途中で目覚めても一人で再び眠る力が育っています（図「3歳ころの空腹リズムと睡眠リズムの変化」）。

眠る力を育てよう

このように、乳幼児の眠りを育てるには、子どもの体力・哺乳力・食べる力を見極めながら、ゆったりとした気持ちで、寝る前にその子なりにしっかり授乳させることが重要です。また、1日3回食になったらその子なりに夕食をしっかり食べさせることが大切です。

なお、授乳の場・食事の場が、子どもにとって安心でき・楽しい場でないと、しっかり飲んだり・食べたりはできません。飲ませよう食べさせようとして、授乳や食事の場が子どもにとっても親にとっても修行鍛錬のような場になり、緊張した状況になってしまっては、出てくる母乳の量が減ってしまったり、子どもの食欲が減退したりします。

このことを念頭に置いて、図「0~2か月の子の空腹リズムと睡眠リズムの変化」、「5~6か月の子の空腹リズムと睡眠リズムの変化」、「3歳ころの空腹リズムと睡眠リズムの変化」をお子さんの睡眠の時間に当てはめてみてください。これらの図は理解を助けるための参考図なので、この通りである必要はありません。ゆったりとした気持ちで、安心できる、楽しい授乳・食事の場づくりに努めてみてください。その結果、しっかり飲んだり食べたりすることができ、まとめて眠れる時間が長くなり、眠り続ける力が育っていきます。

要注意のカフェイン

また、飲んだり・食べたりするものの中で、眠りに関係する注意すべきものとしてカフェインが挙げられます。**カフェインには覚醒作用と利尿作用があり、夜間の睡眠を妨げます。**内閣府食品安全委員会のファクトシート（平成23年3月31日作成）によると、カフェインをたくさんとると、急性作用によって不眠症、興奮、不安、震え、めまい、心拍数の増加、下痢や吐き気をもたらすことがあると記載されています。長期的にたくさんとると、肝臓が弱い人は高血圧になる危険性、カルシウムの摂取量が少ない人は骨粗しょう症になる危険性、妊婦さんでは胎児の発育を阻害する可能性が記載されています。

カフェインは、コーヒー豆、茶葉、カカオ豆などに含まれており、これらを使ったココア・チョコレート・コーラ・栄養ドリンクなどの商品も多く、日常生活に深く浸透しています。

世界保健機構（WHO）は、妊婦のコーヒー摂取量を一日3～4杯までにすべきとしています。カナダ保健省は、カフェイン摂取量について明確な基準（２０１０年）を示しており、妊婦・授乳婦・妊娠を予定している女性は一日３００mgまで（コーヒーは２３７ml入るマグカップで２杯相当）、**子どもは3歳までは避ける**、４～６歳は一日45mgまで、７～９歳は一日６２．５mgまで、10～12歳は一日85mgまで、13歳以上の青少年は一日体重１kgあたり２．５mg未満、健康な成人は一日４００mgまでと上限を設定しています。

カフェインは、飲んで30－40分後に最大血中濃度に達し、飲んで４－６時間程度は体にかなり残っています。カフェインの感受性には個人差がありますが、不眠症の原因にならないように、夕方以降の摂取は控えましょう。カフェインを取るのは寝る時刻の４時間前までにしましょう。

安心できる環境をつくる

乳幼児の眠りを育てる12箇条　⑦不安・緊張の少ない生活環境づくりに努める

一人で生きていく力が十分に育っていない幼い子どもでは、日々の生活の中の体験には不慣れなものが多く、不安と緊張が入り混じる毎日です。いつもと違うことに多く出くわすと、もしくは数少なくても変化が大きければ大きいほど、幼い子どもにとっては驚きと戸惑いになり、不安と緊張をもたらします。

幼いうちは毎日同じような生活がベター

例えば、幼い子どもを祖父母の家に初めて連れて行った日、興奮または緊張して、寝つきが悪かった経験がありませんか。新しい体験を受け入れてたくましく育ってほしいのですが、その体験を乗り越える力が育っていない場合は、もしくは乗り越えることができる周囲の支えがなければ、子どもがその体験から学ぶことは少なく、不安や緊張の思い出のみが残ることになります。良い眠りを得るためには、心のリラックスが必要です。そのためには、**幼いころには、いつもと違うことは少しずつにして、できるだけ毎日同じような生活を繰り返す**ことが大切です。

家族の協力が必要

また、子どもにとっての不安・緊張の少ない生活環境づくりには、保護者の心と体の安定と家庭の安定がとても大切です。しかし、核家族の現代では、母親が孤立奮戦し疲れてしまった姿をしばしば目にします。子どもが生後6か月までは、どの子も眠りが安定せず、夜間に授乳やオムツ替えで母親は幾度も起きなければなりません。特に生後2か月までは、一日中2~4時間毎の授乳の繰り返しとオムツ替えで、産後の疲れも加わって、母親は睡眠不足と昼夜リズムの乱れに陥りやすくなります。加えて、赤ちゃんの大切な命を守らなければならない重圧感が、母親に心理的ストレスをもたらします。**同居している父親・家族の協力が非常に重要**です。

家庭とは、男女が互いを尊重し協力してつくりあげるものです。時代の変化とともに、人の考え方が変わり、生き方が変化し、家庭のあり方が変化するのは至極当然のことです。核家族の現代社会では、あらゆる場面で男女共同参画が求められています。妊娠中から、男女ともに子育ちに大切なもの「子育ちの5原則（第5章参照）」を学び、オムツ替えや沐浴の実技を練習し、家事の役割分担について話し合っておくことが必要です。そして、少なくとも生後2か月までは、母親が出産後の体の回復と適切な授乳に集中できるように、母親が睡眠不足にならないように、同居の父親・家族は積極的に協力しなければなりません。

寝室環境を整える

乳幼児の眠りを育てる12箇条　⑧寝るための専用スペースをつくる

幼い子どもでは、眠ることの大切さや眠ることの意義について言葉を尽くして説明しても、なかなか理解ができません。楽しい遊びなどをしていると、いつもの眠る時刻になっても、眠たいのを我慢して起き続けようとします。楽しい遊びを中断して眠らせようとすると、眠ることの大切さが分かっていないので、抵抗して怒り始めたりします。そこで、「寝なさい！」と叱っても、叱られたことの意味が分からず、子どもには叱られた怖い思い出が残るだけです。これを契機に、子どもが眠ることを嫌うようになっても困ります。

幼い子に寝る時刻が来たことを理解してもらう方法

幼い子どもは、自らの感覚を通して、自分の周囲で起こっていることを理解しています。感覚の中でも、触覚や視覚が特に重要です。そのため、**大切なことは、見せて触れさせて理解させる**ことが大切です。

まず、子どもに眠る時刻が来たことを理解させるために、目で見て知ることができ肌で触れて確かめることができる〝寝るための専用スペース〟を準備しなければなりません。間取りの関係で寝室が準備できなければ、**布団を敷いた場所が寝るための専用場所であることを示す**だけで十分です。

そして、〝寝るための専用スペース〟であることをより深く理解してもらうためには、**必ず眠くなってからその場所に**連れていきましょう。また、その場所で遊ばせないようにしましょう。遊ばせないといっても、寝る前の決まり事（入眠儀式）で、1～2冊程度の本を読み、子どもの気持ちをリラックスさせる穏やかな関わりは大丈夫です。寝ながらテレビやスマホを視ることは避けてください。テレビやスマホは、その内容が子どもの脳を興奮させるだけでなく、液晶画面から出るブルーライトによっても、眠りにくくなってしまいます（P.76参照）。

脳をつくり・育て・守る寝床の確保を

乳幼児の眠りを育てる12箇条　⑨寝るための専用スペースを安全・快適に

眠っている間、人は意識を失い、体を動かすことができず、無防備な状態になります。考えてみれば、睡眠は非常に危うい状態です。しかし、いかなる時代であっても、いかなる環境であっても、人類は睡眠を捨てることができませんでした。それは、人が人らしくあるために、睡眠が必要だったからです。睡眠は、脳をもつ生物にだけ存在するもので、脳が高度に発達するほど必要性が増す生理現象です。**脳をつく**

り・育て・守るために、脳を上手く働かせるために、脳自身が脳のために脳を眠らせます。この大切な〝無防備な眠り〟を得るために、人類は安全で安心できる寝床の確保に努めてきました。寝るための専用スペースを安全・快適にすることは、子育てをする上で大切なことのひとつです。

寝るための専用スペース～準備の仕方

まず、子どもの様子が良く観察できるような場所を選んで寝かせましょう。顔が良く見えるように、**「あお向け」**に寝かせましょう。

寝具については、乳幼児の鼻・口・気道を塞ぎ窒息させる危険性のあるものは避けてください。寝返りしても大丈夫なように、寝るための専用スペースには、ふかふかの柔らかいものや寝具類を置くのは禁止です。**固めの敷布団・マット**が安心です。また、**掛け布団等の掛け物は軽くて、子どもの力でも跳ね除けることができるもの**を選びましょう。**枕は使用せず**、タオル・よだれかけ・ひも状のものなどが顔や体に巻き付かないように手の届かないところに置いてください。また、アメリカ小児科学会では、ベビーベッドのバンパーやベビーガードを使用しないことをすすめています。その理由は、バンパーやベビーガードで深刻な怪我を防ぐことができたとの証明はなく、むしろ、それらによる窒息事故死・絞扼事故・子どもが絡まって身動きできなくなった事態が報告されたことです。そして、よく体が動くようになると、バンパーやベビーガードを踏み台にして、ベビーベッドの柵を乗り越えようとする危険があるとの見解も出しています。

寝室では、**子どもの体にものが落ちたり・倒れてこない場所**に寝かせましょう。地震の際にも大丈夫なように、家具などの配置を考えてください。ベッドや高いマットレスを利用されている場合には、ベッドからころげ落ちても大丈夫なように**周囲にクッションとなるものを置く**などしてください。

また、寝るための専用スペースの快適性については、子どもの感じ方を大切にしてください。暑さ・寒さ、明るさ・暗さ、騒がしさ・静かさ、寝具の心地よさなどの感

子どもの寝るための専用スペースを安全快適な場所に

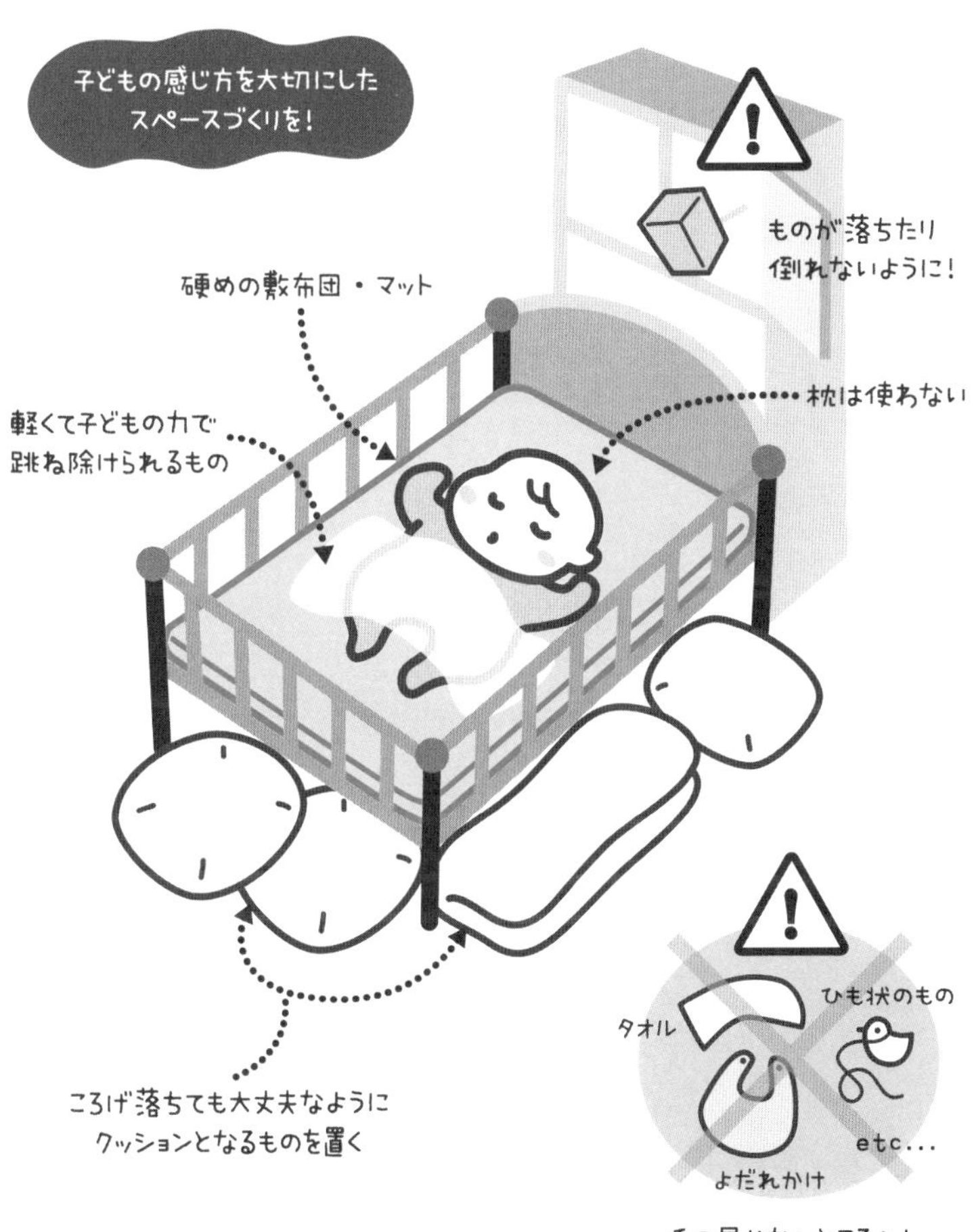

じ方には個人差があります。大人の間でも、暑さ・寒さの感じ方に違いがあり、家庭や職場でエアコン温度の設定に困った経験があると思います。子どもの感じ方は、大人とかなり異なります。

結構多い〝暑がりの子〟

生後6か月を過ぎた夜泣きの子で、私がしばしば経験するのが〝暑がりの子〟です。成長・発達する子どもでは体内での代謝が活発で、平常時の体温が大人よりも少し高いです。そのためか、大人よりも暑がりの子が多いです。深部体温（脳や内臓の体温）が下がらないと上手く眠れない体の仕組みがあります。寝冷えしないようにとの思いでかけた掛け布団が、子どもを暑くさせて、深部体温が上昇し、目覚めさせる原因になっていることがあります。このような暑がりの子どもでは、体温等で温まった寝場所から少しひんやりとした快適な寝場所を求めて、寝ながらあちらこちら移動します。大人の目からは寝相が悪くても、眠りの途中で起きなければ、実は、良い眠りが得られている証拠と見なすことができます。そのままそっと寝かせておきましょう。部屋全体の温度・湿度をコントロールしながら（**冬期が20〜25℃、夏期が26〜28℃、湿度は50％前後**[28]）、子どもが自分の心地よさを求めて眠れるよう、動きやすい寝間着、子どもの力で跳ね除けやすい軽い掛け物で、睡眠中に子どもが安全に自由に動けるようにしてください。

生後6か月未満の子どもでも同様です。**着せ過ぎ・くるみ過ぎ・掛け物のかけ過ぎに注意**しましょう。また、この時期は、股関節脱臼の予防のため、骨盤から足までの下肢全体が自由に動かせるような衣服にしてください。赤ちゃんの自然な姿勢（膝が曲がって股を開いた姿勢）を守ってあげてください。無理に両足をそろえて伸ばしたり、まっすぐにすると、股関節脱臼を起こしてしまうことがあります。抱っこの仕方も、股の間に手を入れて、下肢の自然な姿勢を保つようにしてください。オムツ替えも、腰を下から持ち上げるようにしてください。

光に敏感な子

光に敏感な子は、窓から漏れる朝日の光とともに早朝に目が覚めます。前日からの睡眠時間が十分にとれていれば、また他の家族も適当な睡眠時間が確保できていて辛くなければ、気にすることはありません。家族みんなで早起きしましょう。しかし、睡眠時間が確保できていないのに、光に敏感であるがゆえに目覚めてしまう場合には、遮光カーテンなどを使って寝床・寝室に朝日の光が入らないように工夫しましょう。音に敏感な子では、夜明けの小鳥のさえずりで目覚めたり、新聞配達などの音で目が覚めたりします。睡眠が不足するようならば、工夫が必要になります。いずれの場合にしても、家族みんなで夜に早く眠ることができれば、それが最も良い解決方法かもしれませんね。

睡眠スケジュールを整える

乳幼児の眠りを育てる12箇条　⑩望ましい夜間睡眠時間を確保する

第2章P.58の表「子どもにとって望ましい睡眠時間」をご覧ください。米国睡眠医学会と米国小児科学会からのものです。米国は多民族国家です。米国には、アジア人も日本人もたくさん生活しています。したがって、この指標は万国共通の目安になりうるものです。短い睡眠時間の生活に慣れた日本人にとって、この目安に戸惑われる方は少なくありません。しかし、わが国においても、1930年代の子どもは今の子どもに比べ、夜間に1時間以上長く眠っていました（第2章P.63「夜間睡眠時間・昼寝・総睡眠時間の昔と今の調査」の表参照）。

現代の日本人は、世界で最も睡眠時間が短い生活をしていると言われています。O

ＥＣＤ（経済協力開発機構）加盟28か国の睡眠時間（15〜64歳）の比較（２０１８年）によると、ＯＥＣＤ平均が８時間25分に対して、日本人の平均睡眠時間は７時間22分で最も短いものでした。夜間に眠っている間に、脳と体がつくられ・育ち・守られていることを考えると、睡眠時間が短すぎるのは心配です。国や地域の枠を超えて、世界中を人・物・情報が行きかうグローバル社会において、日本の子どもたちが自分らしい人生をしっかり歩んでいけるように、夜間の睡眠時間を大切にしたいものです。

睡眠は、脳が脳内の仕組みによって脳と体のために行っている生理活動です。そのため、**脳の成長・発達とともに、眠りの質が変化します。その変化を脳波などで観察すると、生後２か月、生後６か月、１歳、２歳、３〜５歳、２次性徴出現を節目に睡眠の質が変わります**(29–32)。

年齢ごとに変わる睡眠の質

生後0～2か月までの睡眠脳波は、他の年齢群とは著しい違いがあります。栄養をつけるために乳を飲み、満腹になったら消費エネルギー節約のために速やかに眠ることができ、空腹になったら目覚めて乳を飲むことができるような眠りがつくられているようです。全睡眠時間の50％をレム睡眠（動睡眠）が占め、深い睡眠も大人より多いです。しっかり飲んでしっかり眠って、少しでも早く大きくなろうとする生命力の強さを感じます。その結果、この2か月間で身長が10㎝程度伸び、体重が2㎏程度増えます。

その後、生後6か月までに睡眠脳波は大きく発達変化し、浅いノンレム睡眠と深いノンレム睡眠が区別できるようになります。この時期、昼夜のリズムが次第に身につき、昼寝が3回程度必要ですが、昼間に長く起き続けることができるようになります。また、眠り続ける力も育ち、生後6か月には夜間にまとめて6時間程度は眠れるようになります。夜間授乳は2回程度で済む子が多くなります。そして、生後6～9

か月ころには、離乳食が進み、夜間に空腹になることが減り、夜間授乳は1回程度になる子が増えます。

1歳前後（10～14か月）には、体格が大きくなり（1年間で身長が約25㎝程度伸び、体重増加が約6kg増える）、体力も備わります。昼寝は2回程度で、行動範囲が広くなります。運動量が増えることもあり、途中で目覚めることなく翌朝まで眠れる子が多くなります。入眠後に最初に現れる深い眠りもしっかりしてきて、その影響でレム睡眠が現れるまでの時間が延長します。

脳波上で、眠りに入ったことを確認できる睡眠紡錘波があります。2歳までは、左脳と右脳とで睡眠紡錘波が異なるタイミングで出現することがあります。左脳と右脳とで眠りの状態が異なっている可能性があり、不安定な眠りを示しているのかも知れません。2歳を過ぎると、左脳と右脳とが同期して睡眠紡錘波を出すことができるようになり、安定した眠りが得られる脳に成長するようです。そして、3～5歳になると、レム睡眠の割合が20％程度にまで減少し、大人に近い割合になります。夜間にま

年齢ごとに異なる睡眠の質

生後0～2か月まで

- 睡眠の 50% がレム睡眠
- 大人より深い睡眠が多い

夜の

- 満腹で眠り、空腹で目覚めるを繰り返す

生後6か月まで

- 睡眠脳波が大きく発達し変化する
- 浅いノンレム睡眠と深いノンレム睡眠が区別できるようになる
- 昼夜のリズムが次第に身につく

夜の

- 2回程度で済む子が多くなる

生後6～9か月ごろ

- 離乳食が進み空腹で起きることが減る

- 1回程度になる子が多くなる

1歳前後（10～14か月）

- 途中で目覚めることなく翌朝まで眠れる子が多くなる

夜の

- なしになる子が増える

3～5歳

- レム睡眠の割合が 20% 程度に減少し、大人に近い割合に
- 10～11 時間程度まとめて眠れるように

- なし

とめて10～11時間程度眠れるようになり、通常は昼寝を必要としなくなります。しかし、生活習慣などで、夜間睡眠時間が十分に確保できていなければ、昼寝が必要になります。学校生活が始まる年齢では、授業中に昼寝をすることはできません。夜間にしっかり睡眠時間をとる必要があります。その後は、2次性徴の影響を受けながら、次第に大人の睡眠の質になっていきます。

このような子どもの脳と体の変化を知って、「年齢別の睡眠スケジュール（後述）」について、できれば出産前～生後2か月までに家族みんなで考えてみるといいでしょう。

寝つく力を育てるには

乳幼児の眠りを育てる12箇条 ⑪寝る前の決まり事（入眠儀式）により、寝る時刻が来たことを子どもに理解させる

時間の管理ができない幼い子どもに、理解しやすい方法で寝る時刻が来たことを伝えるにはどうしたらよいでしょう。

生後3～5か月には、昼に起きる時間が長くなり、夜に眠る時間が長くなる昼夜リズムが出来てきます。このころから、寝る前の決まり事を始めましょう。

就寝予定時刻の1時間前から強い光を見せない、興奮させない、周囲を騒がしくしないようにしましょう。そして、**年齢に応じた穏やかな、気持ちがリラックスできる決まり事を習慣づけて、寝る時刻が来たことを知らせるメッセージ**にしましょう。子どもとの簡単な会話を楽しんだり、子守唄を聞かせたり、昔話を語ったり、絵本を読み聞かせたりして、子どもが安心して眠りに入れる大切な時間にしたいものです。

添い寝は必ずしも必要ありません

寝る前の決まり事を行う目標は、子どもが自分で寝ることができる自己調節能力を育てることです。したがって、**添い寝は必ずしも必要ではありません**。最初は添い寝をしたとしても、生後6か月を過ぎたら、どこかで添い寝を止めて、寝床のそばで座るなどして子どもが寝るのを見守るようにしましょう。見守るだけで寝られるようになったら、見守る時間を徐々に短くしていきます。最終的には「おやすみなさい」と言って、そのまま寝床・寝室を離れることができるようにしていきます。

関わりを少なくしてみる

2~3歳の子どもでは、ぬいぐるみによって自分の気持ちを調節して、一人で寝られるようになる子もいます。[33] 子どもの寝つく力を育てるためには、寝る前の決まり事が終わったら、子どもへの関わりをできるだけ少なくすることが基本です。

このような方法で上手く行きそうにない場合には、いわゆる〝ねんトレ〟を導入するのも一つの方法です。生後6か月を過ぎたら、いつでも始めることができます。寝る前の決まり事が終わったら、「おやすみなさい」と言って寝床・寝室から離れるか、または寝たふりをします。子どもが泣いたら、2~3分間は無視します。泣き続けるならば、穏やかな小さな声で声かけだけして落ち着かせます。落ち着いたら、寝床・寝室を離れるか、寝たふりをします。子どもが再び泣いたら、今度は4~5分間は無視します。泣き続けるならば、穏やかで小さな声かけをして落ち着かせます。無視する時間を少しずつ長くしながら、このようなことを子どもが寝るまで繰り返します。夜中に途中で起きた時も、同じことを繰り返します。無視し続ける時間は、10~15分間程度が限度かもしれません。上手くいく場合は、最初の3~4日間は大変ですが、それを乗り越えると子どもは次第に慣れていき、1~2週間経つと一人で寝られるようになっていきます。最初の3~4日間は親も眠れなくなったりしますので、週末や連休を利用して、家族みんなで協力して計画的にすることをおすすめします。

条件付きの刺激は与えない

寝る前の決まり事では、添い寝授乳・抱っこして体を揺らす・散歩やドライブをすることは避けるようにしましょう。[34] 一時的に効果があったとしても、このような条件付き刺激を与えないと寝られなくなり、**長期的には〝ひどい夜泣き〟の原因に**しばしばなっています。

また、「眠りを妨げる状態のある体質（表P.39）」のために、通常の方法では寝つくことができず、添い寝授乳・抱っこして体を揺らす・散歩やドライブをしなければならない子どももいます。

いずれの場合であっても、〝ひどい夜泣き〟である場合は、まず、かかりつけの小児科医やお住まいの地域の自治体にある子育て世代包括支援センターに相談してみてください。

眠り続ける力を育てるには

乳幼児の眠りを育てる12箇条　⑫睡眠の途中で目覚めた時に関わり過ぎない

夜は眠る時間です。子どもへの関わりは必要最小限にして、子どもが静かに眠れるような工夫に努めてください。**睡眠中のオムツ替えは、薄暗いままの寝室で手短かに済ませて、**眠りの邪魔をしないようにしましょう。**夜間の授乳も、薄暗いままの寝室で、あまり語りかけず静かに**済ませましょう。

乳幼児期の子どもの眠りは、大人と違ってかなり不安定です。一晩に眠りが浅くなる回数が多く、うつらうつらとした状態になることがたびたび起こります（次の図「夜泣きしている赤ちゃんの睡眠状態」）。少しの刺激で、眠たいのに眠れない状態となり、不愉快で泣くことがしばしば起こります。また、レム睡眠の回数が多いので、

夜泣きしている赤ちゃんの睡眠状態

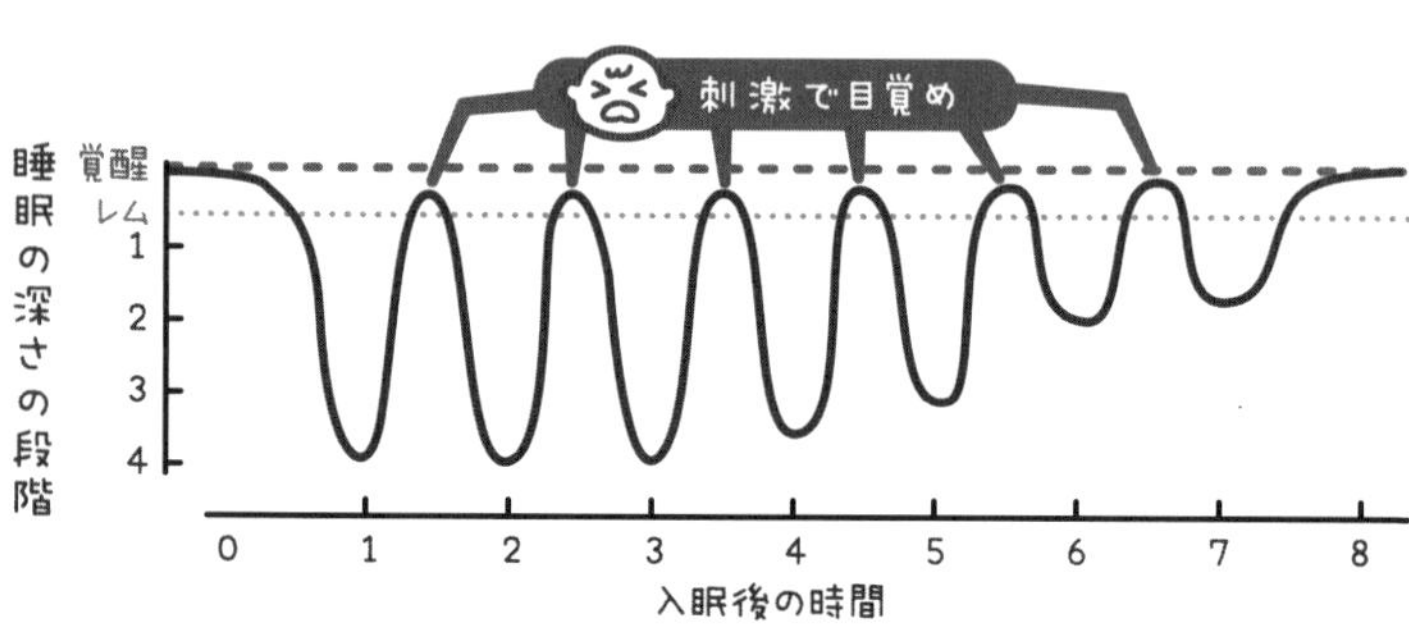

夢をしばしば見ているかもしれません。その夢の中で、驚いたり、喜んだり、おしゃべりをしているかもしれません。

さらに、入眠後およそ3時間以内に、深いノンレム睡眠から突然に不完全な目覚めが起こることがあります。この場合は、意識がはっきりせず応答できませんが、寝床の上で起き上がって感情や思考が混乱した行動が出たり（錯乱性覚醒）、寝床を出て歩き出したり（夢遊病＝睡眠時遊行症）、泣いて騒いで興奮したり（夜驚症＝睡眠時驚愕症）することがあります。このことを、本人は覚えていません。これに大人が関わると、本人の意識がはっきりしないので、暴れてたたかれたりして、ケガをすることがあります。このような行動があっても、安全に配慮して、関わらずに、静かにそっと見守っていると、子どもは再び眠りに入ります。多くの場合、心配する必要がなく、思春期あたりまでに消失します。

このような不安定な眠りのために、親はしばしば戸惑い、夜間にどのようにしてよいか分からなくなります。子どもを安心させようと、抱き上げたり、不必要な授乳をしたりしてしまうことがあります。子どものことを心配するからこその行動であり、責めることはできません。しかし、その子どもを思っての行動が刺激になって、子どもは眠たいのに目覚めさせられます。そして抱き上げ行為や夜間授乳を自分の気持ちを調整する方法であると思い込んでいきます。その結果、眠りが浅くなると、自分の気持ちを調整する手段として、抱き上げ行為や夜間授乳を求めて、泣くようになります。このようなことが原因で、夜泣きになっている事例が多いようです。

図をご覧ください。眠りが浅い時に、外からの刺激で目覚めてしまい、それが繰り返されています。そのうちに、再入眠する際の手段と思い込んだ方法（抱き上げ行為や夜間授乳）がないと、子どもは自分を調整できず、眠れなくなります。子どもも親も眠れない、困った夜泣きがこのようにしてつくられてしまいます。

他に、病気で夜間に眠れずに泣くことがあります。**不機嫌、ぐったりして元気がない、発熱、咳・鼻汁、嘔吐、下痢・血便などの症状があれば夜間でもしっかり関わり、小児科医の診察を速やかに受けてください。**

年齢別の睡眠スケジュール

年齢別の睡眠スケジュールと生活リズムをイメージするために、次に年齢別の一例を図で示します。この図の通りにする必要はありませんが、参考にして、皆さんのご家庭に合ったスケジュールを立ててください。巻末に、年齢別の「乳幼児の眠りを育てる12箇条」実践のためのチェック表を掲載しました。このイメージ図とともにご利用ください。

この帯は、０時から24時の時間を表しています。色で塗りつぶしてある時間帯が睡眠中の時間帯ということです。その年齢の子の一例として掲載しています。

時間帯の下にある「授乳」マークは授乳の時間、「お皿とスプーン」マークは離乳食を食べる時間を一例として載せています。

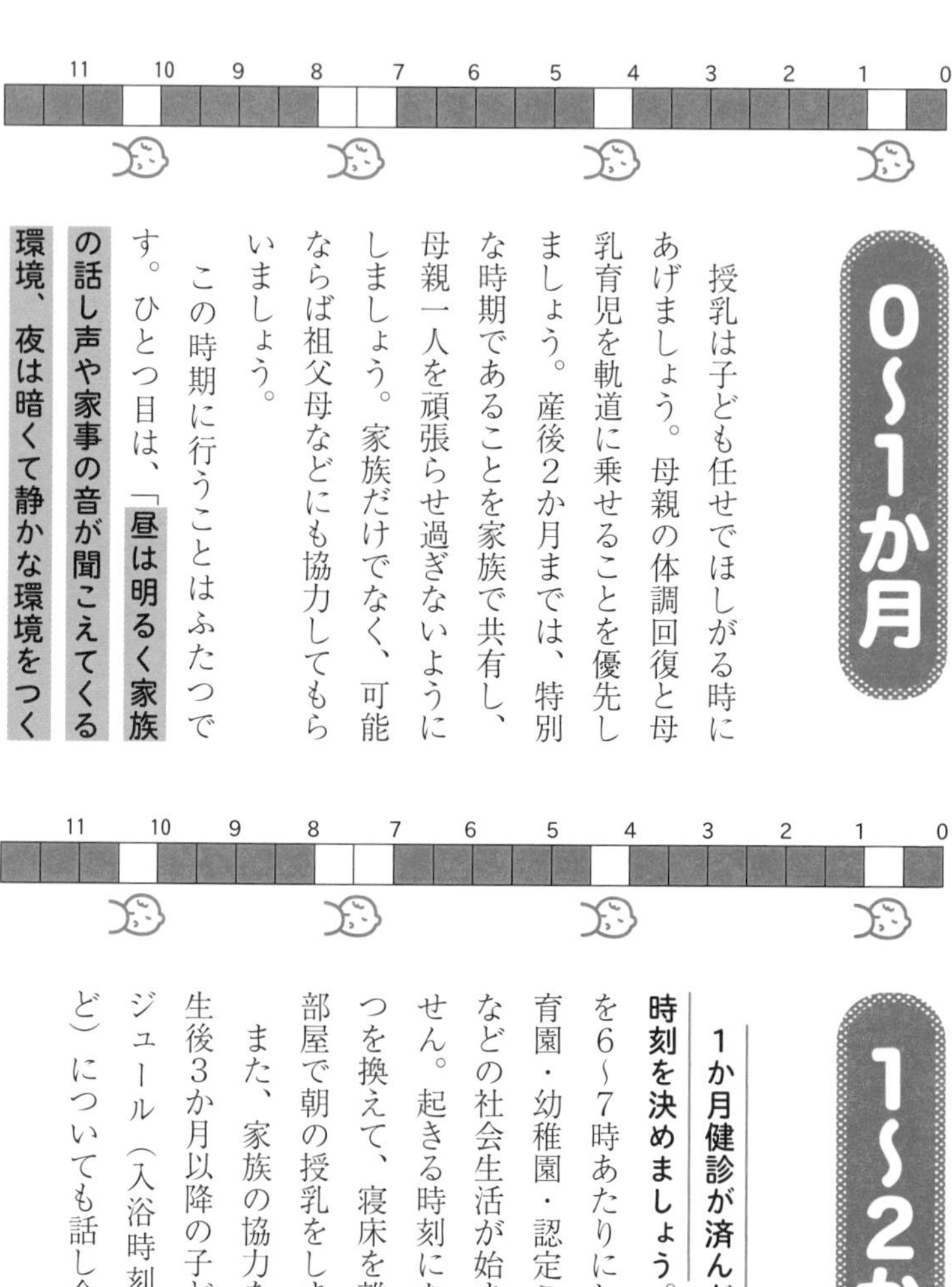

0～1か月

授乳は子ども任せでほしがる時にあげましょう。母親の体調回復と母乳育児を軌道に乗せることを優先しましょう。産後2か月までは、特別な時期であることを家族で共有し、母親一人を頑張らせ過ぎないようにしましょう。家族だけでなく、可能ならば祖父母などにも協力してもらいましょう。

　この時期に行うことはふたつです。ひとつ目は、「**昼は明るく家族の話し声や家事の音が聞こえてくる環境、夜は暗くて静かな環境をつく**

11　10　9　8　7　6　5　4　3　2　1　0

1～2か月

1か月健診が済んだら、朝起きる時刻を決めましょう。朝起きる時刻を6～7時あたりにしておくと、保育園・幼稚園・認定こども園・学校などの社会生活が始まっても困りません。起きる時刻になったら、おむつを換えて、寝床を離れて、明るい部屋で朝の授乳をしましょう。

　また、家族の協力を得るために、生後3か月以降の子どもの生活スケジュール（入浴時刻、就寝時刻など[35]）についても話し合いましょう。

０～１か月の睡眠スケジュールと生活リズム（色で塗りつぶした時間帯は睡眠中）
１～２か月の睡眠スケジュールと生活リズム（色で塗りつぶした時間帯は睡眠中）

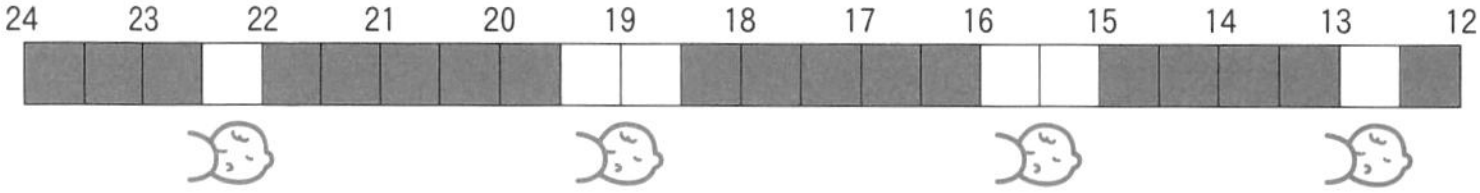

24 23 22 21 20 19 18 17 16 15 14 13 12

ること」です。**昼の目安は朝7時〜19時、夜の目安は19時〜翌朝7時が基本**です。朝になったら、カーテンを開けて部屋を明るくしましょう。夜になったら、部屋の照明を眠りやすい灯りに変えましょう。二つ目は、「**授乳やおむつを替える時、昼は子どもに語りかけながら、夜は暗い中で静かに手短に行うこと**」です。夜間睡眠中は、子どもへの関わりを少なくして、子どもの眠りを妨げないようにしましょう。これら二つは、どの年齢の子どもでも守ってほしい基本です。

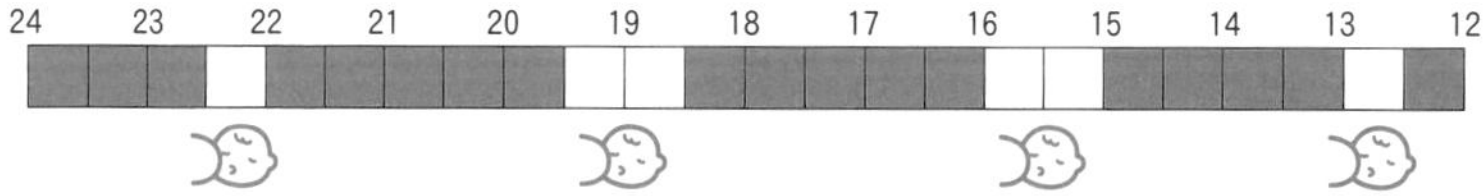

24 23 22 21 20 19 18 17 16 15 14 13 12

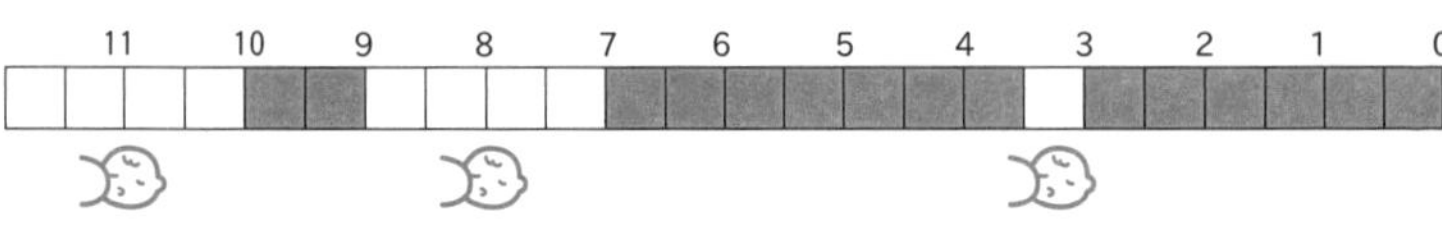

3~5か月

「昼は明るく家族の話し声や家事の音が聞こえてくる環境、夜は暗くて静かな環境」を維持していると、**この時期から昼夜リズムが次第に身についてきます**。昼は起き続けることができる時間が長くなり、夜は眠り続けることができる時間が長くなります。

この時期に、就寝時刻を決めましょう。その目安は、**10~11時間の夜間睡眠**がとれるように設定します。朝7時に起きるのならば、就寝時刻は20~21時になります。そし

11 10 9 8 7 6 5 4 3 2 1 0

5-6か月

6~9か月

離乳食は、子どものペースに合わせて、少しずつ進めてください。生後5~6か月になったら1日1回昼食に相当する時刻から始めます。開始後1か月が経ったら、1日2回昼食と夕食に相当する時刻に食べさせます。離乳食は、授乳前の空腹時に与えるのが基本です。

昼間の授乳は、しっかり飲めるならば4時間間隔くらいにして、朝の起床後、昼、午後、寝る前の1日4回にしていきましょう。通常、**夜間は1回の授乳で済むはずです**。しっ

3~5か月の睡眠スケジュールと生活リズム（色で塗りつぶした時間帯は睡眠中）
6~9か月の睡眠スケジュールと生活リズム（色で塗りつぶした時間帯は睡眠中）

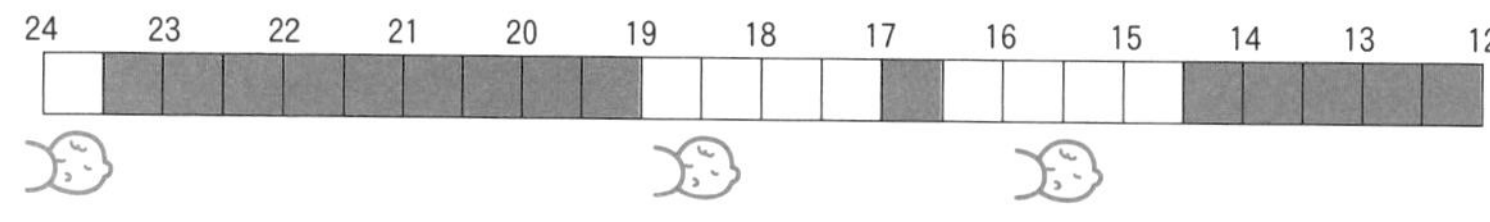

て、眠る前の決まり事も始めます。最初は、「眠る前に、寝室以外の場所でしっかり授乳をさせる」ことだけでもよいでしょう。オムツを変えて、おやすみなさいです。

　そして、寝入ってからは、夜間授乳が必要以上に増えないように注意しましょう。**眠りが浅くなっても、2～5分間程度はそっと見守るだけ**にしましょう。子どもが、自分自身で眠り続ける力をつけるために必要なことです。

　入浴の時刻は、夕方までに済ませることが望ましいですが、遅くとも寝る2時間前までに済ませましょう。家族で協力してください。

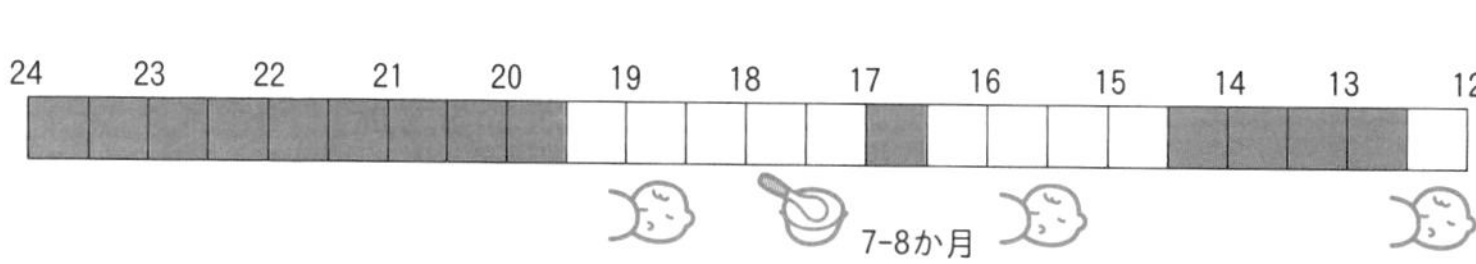

かり飲んでいたのに、夜間に目覚めて泣く場合、空腹が原因でない場合がほとんどです。2～5分間程度はそっと見守るだけにしましょう。再び眠りに入ることがよくあります。

　夜間に途中で起きる度に、授乳をして眠らせることは避けましょう。このようなことが習慣づくと、授乳によってしか眠ることができなくなります。自分で気持ちの整理をつけて、一人で眠る力を育てましょう。

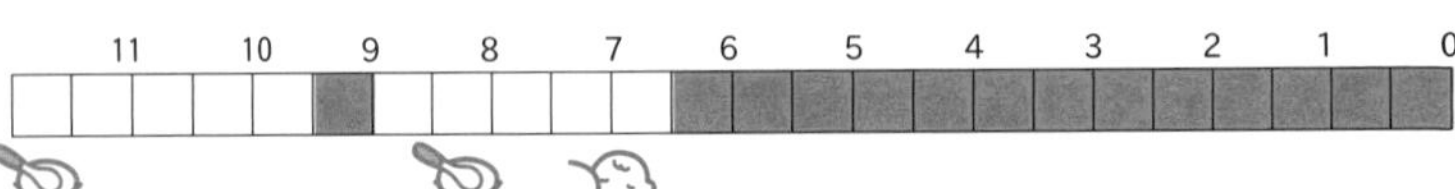

10〜14か月

離乳食は1日3回、昼寝は1日2回になり、起き続ける力も眠り続ける力も育ってきます。夜間は途中で目覚めることがなくなり、朝まで眠れる子が増えてきます。なお、夜の寝つきが悪くなるので、昼寝が夕方にならないよう工夫しましょう。

空腹でもないのに夜間授乳が必要になった場合、その影響で眠りが妨げられているようならば、早めの夜間断乳をおすすめします。

断乳か卒乳かで悩んでおられるお母さんをたくさん診てきました。一

15〜18か月

1日3回の食事の時刻を定めましょう。そして、1日1〜2回の補食を、必要に応じて食べさせてください。

昼寝は1日1回になりますが、15時までに終わらせましょう。夕方にズレてしまうと、夜の寝つきが悪くなってしまいます。

10〜14か月の睡眠スケジュールと生活リズム（色で塗りつぶした時間帯は睡眠中）

15〜18か月の睡眠スケジュールと生活リズム（色で塗りつぶした時間帯は睡眠中）

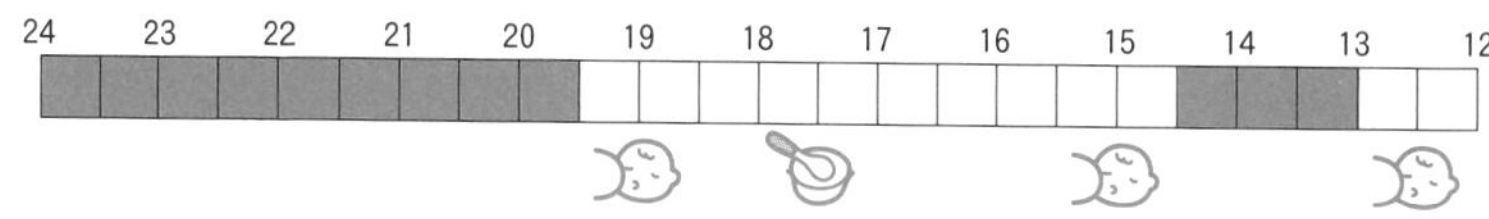

方、体調の関係で、授乳したくても授乳できないお母さんも数多く診てきました。母と子の絆は、授乳行為のみによって育まれるものではありません。子どもは、母親の中に自分の居場所を見つけることができれば、十分に幸せです。母親の優しいまなざしや声かけで十分です。母親と子どもの体への負担を考えた時、私は1歳ころの卒乳は悪くないと考えています。

24 23 22 21 20 19 18 17 16 15 14 13 12

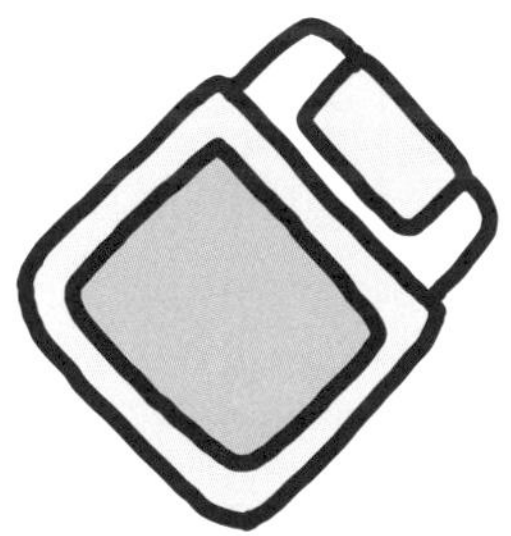

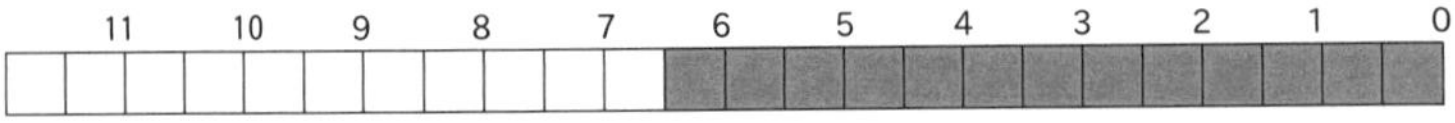

11 10 9 8 7 6 5 4 3 2 1 0

19か月〜3歳

起床時刻、就寝時刻、3回の食事の時刻が1時間以上ズレない生活リズムを維持しましょう。

夜間睡眠時間は10〜11時間を確保してください。

昼寝の時間は短くなってきます。3歳になると昼寝を必要としない子が出てきます。なお、夜の寝つきが悪くなるので、昼寝は15時までに終わらせましょう。

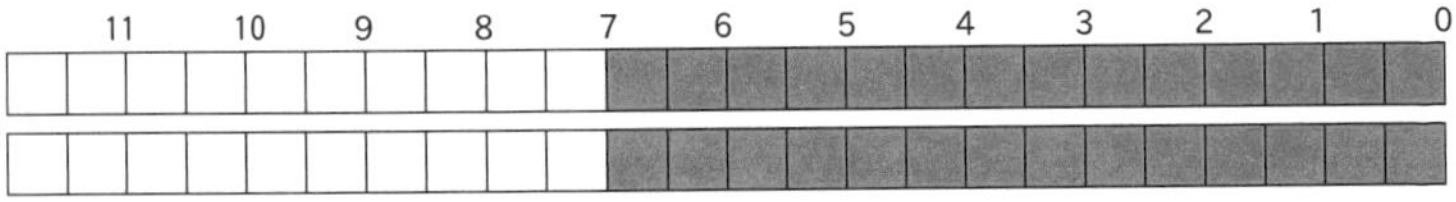

11 10 9 8 7 6 5 4 3 2 1 0

4〜6歳

上段は夜間睡眠時間が11時間、下段は夜間睡眠時間が9時間30分です。

引き続き、**起床時刻、就寝時刻、3回の食事の時刻が1時間以上ズレない生活リズム**を維持してください。**夜間睡眠時間は10〜11時間を確保**してください。

下段のように、夜間の睡眠時間が短くなると、昼寝が必要になります。

夜間睡眠時間が十分に確保されると、朝から機嫌よく自分で起きるこ

19か月〜3歳の睡眠スケジュールと生活リズム（色で塗りつぶした時間帯は睡眠中）
4歳〜6歳の睡眠スケジュールと生活リズム（色で塗りつぶした時間帯は睡眠中）

24 23 22 21 20 19 18 17 16 15 14 13 12

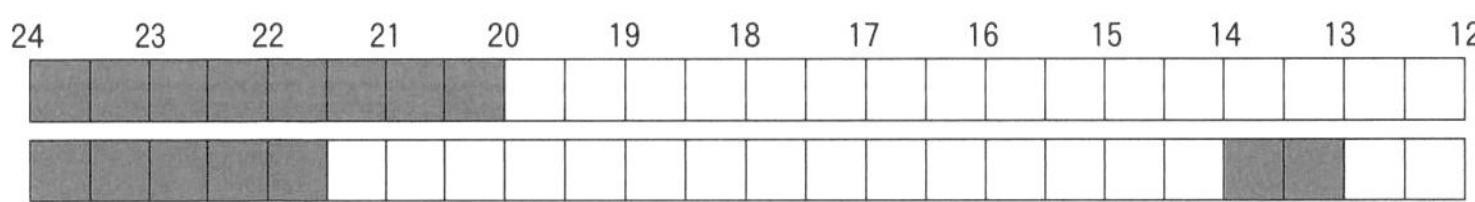

とができ、朝ごはんをしっかり食べることができます。朝の身支度もてきぱきとでき、親子ともに気持ちの良い朝を迎えることができます。昼寝を必要とせず、自分の力が発揮できる一日になります。

出産前のイメージトレーニング

出産後は忙しくなることが予想されます。年齢別の子どもの睡眠スケジュールと生活リズムについて、妊娠中に家族みんなで学んでおきましょう。イメージトレーニングの中で、必要になるであろう家庭内での仕事の分担を明確にして、その予行演習をしておきましょう。そうすることで出産後の困りごとを減らすことが期待できます。

また、母子健康手帳を読んで、子どもの発育・発達、受けなければならない検査、健診や予防接種のスケジュール等を確認してください。母子健康手帳は、専門家の英知が凝縮されています。子育ての道しるべとして、大いに活用してください。かかりつけ小児科医を決めたり、各地域における子育て支援体制も調べておきましょう。

第4章

夜泣きで
お困りの方へ

今、夜泣きでお困りの方へ

人間にとって、食べることと眠ることは、自分らしく生きていくために最低限必要なことです。上手く眠れないと、脳と体に負担をかけ、自分らしさを見失ってしまう可能性があります。

〝ひどい夜泣き〟では、親子で眠れない日が続き、子どもは自分らしく育つことを妨げられ、世話をする母親（保護者）は自分らしさを見失い疲れきってしまいます。

睡眠が不足すると、脳の働きがぼんやりして、集中力・注意力・理解力・記憶力・判断力が低下し、出来ないことが増えていきます。乳幼児では、言葉の発達が遅れていることをよく経験します。しかし、心配は要りません。幼い子どもでも、生きていくためのたくましさが生まれつき備わっています。

〝ひどい夜泣き〟が治まると、それまで妨げられていたその子の育ちをキャッチアップする現象が起こります。キャッチアップとは、「遅れを取りもどそうとする」、もしくは「追いつく」ことです。ただ、〝ひどい夜泣き〟の期間が長引けば長引くほど、追いつくのに時間がかかります。その間に、自分ができないことを意識させられてしまうような場面に遭遇して、無意識のうちに自己評価を低めてしまわないかという点を心配します。

そのような場面では、母親（保護者）は気になっても気にしない素振りをしなければなりません。その子なりの育ちのペースがあります。**その子のペースに合わせ、より低いハードルを意識的に設定し、子どもの出来ることを増やし、達成感を味わわせてあげましょう。**すると、その子らしさを取り戻し、その子なりの歩みで進んでくれます。

また、〝ひどい夜泣き〟が治まると、母親（保護者）の姿も変わります。当然のことでしょうが、表情に余裕がでて、身の回りのことに気づくというういつもの姿に戻り、自分らしさを取り戻します。夜泣きは、誰かが悪いわけではありません。大人でも、枕が変わっただけで眠れなくなることもあります。乳幼児は、自分一人で処理できないので、母親（保護者）を巻き込んで辛い状態に陥ってしまうのです。

眠れなくて疲れた状態では、良い考えは思い浮かびません。大切な我が子と自分自身のために、多くの人から知恵をいただきましょう。まずは、パートナーや祖父母の助けだけでなく、行政の仕組みを大いに利用しましょう。

一人で抱え込まない

お住まいの自治体には、必ず「子育て支援」に関する窓口があります。保健師が配置され、子育てに関する悩みの相談にのってくれます。積極的に利用してください。

現在は、母子保健法にもとづいた**子育て世代包括支援センター**が、全国の市町村に設置されています。妊娠期から子育て期（特に3歳までの乳幼児期）の子育て支援について、利用者の目線からみて、切れ目なく一貫性のあるものとして提供できる体制が整えられています。

厚生労働省の子育て世代包括支援センター業務ガイドラインによると、①妊娠の届出等の機会に得た情報をもとに、保健師などによる面談や家庭訪問などを通して実情を把握し、②妊娠・出産・子育てに関する各種の相談に応じ、必要な情報提供・助言・保健指導を行い、③必要に応じて、妊産婦や乳幼児への支援プランを策定し、④地域の医療・保健・福祉の関係機関との連絡調整を行うことになっています。

生後4か月までの乳児のいるすべての家庭を保健師が訪問する事業（こんにちは赤ちゃん事業）も、この中に位置づけられ継続されています。

そして、なによりも、**その業務ガイドラインには、関わりの視点として、「夜泣き」が記載されています。「夜泣き」に悩まされているのは、あなただけではありません。**遠慮せずに、「子育て支援」に関する窓口に連絡して、「夜泣き」について相談されることをおすすめします。

次に、自宅でできる対策をご提案しましょう。

夜泣きの原因と自宅でできる対策

第1章に掲載した「〝ひどい夜泣き〟（乳幼児慢性不眠障害）の原因」の表に従い、ご説明します。まずは、上手く眠れない体質についてです。

眠れない体質…「暑い？　鼻づまり？　ゼイゼイ／ゴロゴロ／いびき？　痒い？　脚がむずむず？　痛い？」による場合

● 暑い？

非常によく経験するのが「**暑い？**」です。成長しつつ活発に動く乳幼児は、大人より体温が高く、そのためか暑がりの子が多いです。暑がりの子では、着せ過ぎると深部体温（体の奥深くにある脳や内臓の体温）が上昇し、眠れなくて夜泣きが起こります。

このような子では、ひんやりとした寝床を求めて、寝たままであちらこちらを移動する姿（いわゆる寝相が悪い姿）も見られます。**子どもの様子をよく観察して、着せ過ぎに注意してください**（第3章 P.116参照）。

●鼻づまり？

次に、「**鼻づまり？**」です。1歳ころまでの子どもでは、乳首をくわえたまま飲み続けることができるように、鼻呼吸する体の構造になっています。そのため、**鼻が詰まっても、口で呼吸することが上手くできません**。

鼻づまりで息苦しくなると、お乳の飲みが悪くなり、眠れなくなって夜泣きが起こります。1歳を過ぎた鼻づまりの子では、遊んでいる時も眠っている時も、いつも口を開けて口呼吸をしています。食事の時も、息継ぎしながら、食べにくそうにしている時があります。このような子は、睡眠の質が悪く、夜泣きを起こします。

自宅でできる鼻づまり対策には、

① こより状にしたティッシュペーパーで鼻の穴の出口あたりを刺激して、くしゃみをさせ、鼻汁を出させる方法

② 鼻水を吸う方法

があります。

鼻水を吸う方法には、母親（保護者）が口をすぼめて直接吸う方法（吸わない方の穴を押さえて片方ずつ吸う）と、市販のスポイト状の鼻吸い器・口で吸うチューブ状の鼻吸い器を利用する方法があります。

小児科・耳鼻科を受診するポイントは、熱を伴う場合、咳を伴う場合、鼻汁の色が黄色・緑色・茶色っぽい場合、授乳・離乳食が摂れない場合、眠れなくて夜泣きがある場合です。

●ゴロゴロ／ゼイゼイ／いびき?

「ゴロゴロ／ゼイゼイ／いびき?」のように呼吸に伴って音が鳴る場合、咽喉（のど）から気管支にかけて空気の流れがスムーズでない可能性があります。

小さな下顎、喉頭軟化症、気管支喘息などの原因があります。息苦しさのために、目が覚めて夜泣きが起こります。

小さな下顎の子では、うつ伏せ寝を好む傾向があります。母親（保護者）があお向けに寝せても、気づかぬうちにうつ伏せ寝になっています。小さな下顎の子では、あお向けで寝ると、咽喉の奥が狭くなり寝苦しくなるようです。このような場合は、うつ伏せ寝になっても、顔が埋もれて呼吸ができなくならないように寝具を工夫するしかありません。また、小さな下顎、扁桃・アデノイド肥大や肥満では、いびきが出ます。子どもの睡眠時無呼吸症候群を伴う事例もあります。**「ゴロゴロ／ゼイゼイ／いびき?」があれば、小児科医・耳鼻科医に相談してください。**

●痒い？

「痒い？」も、眠りを妨げます。アトピー性皮膚炎や乾燥肌で、痒みのために夜泣きが起こっている場合があります。肌が荒れている場合には、小児科医または皮膚科医に相談してください。

●脚がむずむず？

「脚がむずむず？」は、年齢によって表現が異なります。眠る前になると不機嫌になる・足をさすらせる・足が変な感じがすると訴える・両足を擦り合わせる、などの症状で気づかされることがあります。これらの症状により眠れなくなり、これが夜泣きの原因になり得ます。これには、皮膚の触覚が敏感な場合や、イライラした気持ちが伴う場合、注意欠如・多動症に伴う場合、鉄分が足りない場合などがあります。状況に合わせた対応が必要です。子どもが安心できるような接し方で様子をみてください。気持ちが落ち着いただけで消えてしまうことがあります。症状が続いて、眠りが妨げられるようならば、小児科医に相談してください。

●痛い？

「痛い？」は、不機嫌さを伴い、あやしてもなかなか泣き止みません。もしくは、消耗してぐったりして元気がないかもしれません。眠ることができません。裸にして、全身をよく観察してください。皮膚の色が赤色や紫色に変わっているところはないでしょうか？傷がついているところはないでしょうか？便に血液がついてはいませんか？小児科医の診察を速やかに受けてください。

病気にかかって夜泣きが起こった？の場合

インフルエンザなどの急性の病気では、からだが辛いのと不安な気持ちから夜泣きが起こります。穏やかで安心できるような関わりがあれば、その病気が治ると元気を取り戻し、夜泣きは軽快し、次第に消失します。

長期間の治療が必要な病気や手術などの大きな侵襲を受ける病気の場合、それらがトラウマとなって夜泣きが起こる場合があります。このような場合、治療や手術を受ける前、受けている間、受けた後に、子どもの心のケアがタイムリーに行われることが望まれます。

最近の子ども専門医療機関では、痛みのコントロールだけでなく、ホスピタル・プレイ・スペシャリストやチャイルド・ライフ・スペシャリストなどによる分かりやすい説明・子どもの気持ちの整理への支援など、きめ細かな対応がなされています。

母親（保護者）としては、温かく包み込んで、頑張れたことが子どもの自信につながるように寄り添ってください。次第に夜泣きは軽快するはずです。改善しなければ、小児科医に相談してください。

発達障害で夜泣きが起こった？の場合

自閉スペクトラム症、注意欠如・多動症などの発達障害では、夜泣きを含めた睡眠障害をしばしば伴います。[36] さまざまな研究が行われていますが、睡眠障害を伴いやすい原因は不明です。また、眠れないことにより、発達障害の症状そのものが悪化して、子どもにとって出来ないことが増えてしまいます。

「乳幼児の眠りを育てる12箇条」を実践することにより、軽快することが期待できます。発達障害にしっかり向き合って、その子に合った環境調整や必要になった療育・治療を受け入れましょう。小児科医に相談してください。治療により、眠れるようになると、出来ることが増えていきます。

発達障害があることと、社会で生活していく力とは分けて考えてください。**発達障害があっても、自信を失わなければ、その子なりの人生をしっかり歩んでいきます。**そのためには、子どもが出来ること・出来たことだけに目を向けて、出来ないことや出来なかったことは気にしない。幼くても、出来ないことや出来なかったことは本人が最も気にしています。どの子も幸せになりたい、認められたいとの気持ちを持っています。その子のペースに合わせて、待ってあげましょう。わずかなことで良いので、達成感を味わわせてください。そして、子どもの出来ること・出来たこと・したいことを思いっきりさせてください（ただし、ネットゲームなどはできるだけ避けてくださいね）。

次に、1章P.32「〝ひどい夜泣き〟（乳幼児慢性不眠障害）の原因」の表にある「適切でない睡眠衛生」についてです。

「適切でない睡眠衛生」で夜泣きが起こった？の場合

「乳幼児の眠りを育てる12箇条」の①～⑩の項目を点検し、必要ならば改善を試みてください。例を挙げて説明しましょう。

●子どもの体のリズムを最優先にして、大人の都合は後回しに

事例：両親と1歳半になる女の子の3人家族です。眠る1時間前の室内照明のコントロールと暑がりの子に対する寝室の工夫で、夜泣きがなくなった子でした。しかし、睡眠日誌の記録を見ると、いつもは20時ころに寝ているのに、土曜日はいつも22～23時に寝ていました。理由は、土曜日は父方の祖父母の家に集まって夕食をともにする習慣があるとのことでした。夕食が賑やかになって、子どもは興奮し、寝る時刻

が遅くなっていました。詳しく聞いてみると、夜泣きはなくなったが、日曜日と月曜日は子どもの寝つきが悪く、日中の機嫌が良くないとのことでした。火曜日ぐらいになると、その子らしい姿に戻る、ということでした。

そこで両親に、「子どもが小さいから早めに失礼します」と言って、子どもの眠りを最優先することを提案しました。早速実行したところ、日曜日と月曜日の機嫌の悪さが改善したとのことでした。子育て中は、大人の都合は慎重に判断してください。

●眠る1時間前からは強い光を見せない

タブレットを見ながらでないと眠れない2歳半の男の子でした。かんしゃくを起こしやすく、寝つきが悪い子でした。寝つかせるために、夜間に抱っこして散歩したり、夜間のドライブをしたり、親子ともども大変な毎日でした。ある日、タブレットを見せたままにしていて眠ったことがきっかけで、好ましくないことを知りながら、タブレットを使って眠らせることにしたのでした。それ以降、夜間にドライブや出歩いたりする必要がなくなりました。

かんしゃくを起こさずに、タブレットを見ながら眠りはしますが、寝つくまでに時間がかかっていました。20～21時に寝床に入るのですが、寝入るまで1時間以上かかり、入眠時刻は22時半～午前1時でした。朝は7時半に起きて保育園です。夜間睡眠時間は6時間半から9時間になりますので、2歳半の子どもとしては睡眠不足です。そのため、日中は眠たそうで元気がなく、機嫌が悪い状態でした。

この状態を長く続けることは良くないと判断し、眠りを育てる工夫について見直しをしました。日中にしっかり遊ばせて、入浴の時刻を早めて夕食前に変更し、19時からは室内照明を暖色系に変更し、できるだけテンションが上がらないような工夫をして、両親も同じ時刻に寝床に入って眠るようにしました。そして、タブレットを処分しました。最初の3～4日間は大変だったそうですが、入眠時の関わりをできるだけしないようにしていると、両親とともにタブレットなしで一緒に眠るようになりました。

今では、21時までには眠って、朝は7時半に機嫌よく起きるようになりました。日中も活発に遊ぶようになりました。

●カフェイン（チョコレート）に要注意

ある日の講演会で、子どもはカフェインに対する感受性が高いので注意してくださいと話したとき（第3章P.105参照）、あ！っと声を上げた母親がいました。少人数の気楽な講演会でしたので、「夕食後のおやつとしてチョコレートを毎日食べさせていました。たくさんではないのですが」と。

その母親は、寝つきの悪い3歳の女の子のことで困っていました。小学校5年生と3年生の2人の姉がいました。姉たちは学校があるので、21時ころに眠って、翌朝は6時半～7時に起きる生活でした。3歳の子は、夜は元気で機嫌よく遊び、22時～23時ころでないと眠ってくれません。姉たちと同じ時刻に眠らせようとすると怒ります。翌朝は7時に起こすと機嫌が悪いので、9時ころまで眠らせていました。

講演会終了後、その日の夜から、夕食後のチョコレートを止めることを家族みんなで決めました。すると、3歳の子は21時までに眠れるようになり、姉たちとともに朝7時ころに起きるようになったそうです。

最後は、1章P.32「〝ひどい夜泣き〟（乳幼児慢性不眠障害）の原因」の表にある「適切でない養育行動」についてです。

「適切でない養育行動」で夜泣きが起こった？　の場合

入眠時と夜間睡眠の途中で目覚めたとき、子どもにできるだけ関わらないようにする工夫が夜泣き予防や対策になるとの報告がいくつもあります。[37〜39]「乳幼児の眠りを育てる12箇条」の⑪⑫の項目です。しかし、悩んでいる当事者の母親（保護者）にとって、これらの項目は受け入れることが難しいかもしれません。

このことは、当院の夜泣き外来で実感しています。「困り果てた母親（保護者）に子どもが泣いても無視しなさい」と指導するだけでは、研究的な理論では間違っていなくても、昔ながらの「赤ちゃんは泣くのが仕事、母親（保護者）の頑張りが足りない」と言っているのに等しいように思われます。子どもが眠りにくくなった要因を分析し、その要因の改善を支援しなければ、子どもと母親（保護者）に頑張ってもらうことはできないと考えます。次の事例で、その具体的な工夫をイメージしてみてください。

●入眠儀式（寝る前の決まり事）に添い寝授乳を行ってはいけない（睡眠衛生の改善と断乳で夜泣きが治った事例）

1歳4か月の男の子です。入眠時に添い寝授乳をしてきました。現在、毎晩2～5回は目覚め、その都度授乳をしないと眠ってくれません。夜中にグイグイ飲むことはなく、乳首をくわえるだけで数分以内に眠ることが多いとのことでした。また、30分以上起きて寝床で遊ぶことが時々あり、子どもの影響で母親は睡眠不足になっていました。

まず、診察室で子どもが遊んでいる姿と問診・診察により、発育・発達に問題はなく、発達特性も認められませんでした。次に、睡眠衛生の不適切さがないかを点検しました。

昼間にベッドで5歳の兄と毎日遊んでいたので、その子にとっては寝室は遊び場にもなっていました。ベッドは低いものが準備され、部屋の壁などを利用して子どもがベッドから落ちない工夫と落ちても大丈夫な工夫がなされていました。

5歳の兄は一人で一つのベッドを占領し、寝相が悪く、しばしば（ひんやりとした）部屋の壁に体を接して眠っていました。1歳4か月の子は、広いベッドで両親の間に挟まれて〝川の字〟で眠っていました。その子にとっては、入眠中に身動きできる範囲が狭く、しかも両親の体温で温められる状態になっていました。寝汗をよくかいているとのことでした。暑がりの子にとって、寝苦しい寝床になっていることが推測されました。

両親と相談し、父親は別部屋で眠って、子どもの寝床スペースを確保しました。母親と共有していた掛け布団ではなく、その子の専用の掛け物に変更しました。また、昼間の遊び場として寝室を使わないようにしました。すると、兄と同様、寝床スペースをあちらこちら移動して、眠り続けるようになりました。夜間に起きる回数は0～2回に減りましたが、入眠時の添い寝授乳と目覚めたときの授乳はなくなりません。この子にとっての授乳は、寝つくために気持ちを整えるための手段になっているようでした。母親の体調が心配でしたので、断乳をすすめました。断乳開始後3日間ほどは困りましたが、1週間もすると授乳を求めず眠れるようになりました。寝つきの手段になった授乳を止めさせるとき、母親一人で実行することが難しい場合がありま す。そのような場合、母親は子どもから見えない場所で休み、夜間に泣いても母親以外の人（父親や祖父母）しか相手をしなければ、3〜4日から1週間で授乳しなくても寝つけるようになるようです。

断乳・卒乳を子どもに納得させる方法には、その他色々あるようです。語りかけで気持ちをそらす、乳房にキャラクターの絵を描く、乳首にシールを貼る、などです。

さて、母乳の大切さは言うまでもないことです。しかし、断乳・卒乳の時期については様々な意見があり、情報過多の現代において、母親たちを悩ませています。WHOのガイドライン2017では、生後6か月までは完全母乳、その後は離乳食を進めながら2歳までは母乳を与え、2歳を超えて与えてもよいとしています。

ただし、このガイドラインは、世界を俯瞰して方針を決めるWHOが、母親と乳幼児の栄養状態改善を目指した、２０２５年までの地球規模の達成目標と関連がありま す。その達成目標とは、①栄養不良で発育不全になる５歳未満の子を40％減らす、②妊娠可能年齢の女性の貧血を50％減らす、③低出生体重児を30％減らす、④小児肥満を増やさない、⑤生後６か月までの完全母乳率を少なくとも50％まで上げる、⑥小児期の衰弱率を５％未満に抑える、です。

ＷＨＯのガイドラインは、発展途上国への支援を意識したもので、日本社会だけを意識したものではありません。また、日本の「授乳・離乳の支援ガイド」では、離乳の完了は生後12か月〜18か月頃、離乳の完了は母乳・育児用ミルクを飲んでいない状態を意味するものではないとされています。子どもの発達には非常に個人差がありますので、そのことに配慮したものとなっています。

一方、子どもの体の仕組みから考えると、乳歯は生後８〜９か月ころから萌出し、１歳ころに上下２本ずつの４本、１歳６か月ころに上下４本ずつの８本、２歳６か月ころに上下５本ずつの10本になります。(40) また、舌を使った飲み込む機能は、哺乳期の乳児嚥下から生後5か月〜1歳6か月の食べる練習の時期を経て、かたちのあるものを食べる成人嚥下に発展していきます。

授乳（哺乳）に使う舌後方の動きのみが強められると、発語や食べ方に影響がでると言われています。舌の機能発達を考えると、遅くとも2歳までに（できればより早い時期に）母乳の習慣を避けたほうが良いと言われています[41]。

これらのことから、**断乳・卒乳は1歳〜1歳6か月あたりにするのが妥当**と私は考えています。しかし、**〝ひどい夜泣き〟（乳幼児慢性不眠障害）が夜間授乳の影響を受けているならば、離乳食3回になった生後9か月以降であれば、夜間断乳をおすすめします**。

子どもがほしがれば、3歳でも4歳でも授乳させてよいとする卒乳には、「授乳は子どもの情緒を安定させるために必要なもの」とする考えがあります。子どもの心の安定は授乳のみで得られるものではありません。母親（保護者）に優しく抱かれ、穏やかな声かけがあり、触感で感じる肌と肌のふれあいなどにより、子どもは安心を得られます。子どもを不安にさせている要因について十分に考え、その要因を取り除くようにするのが親の務めかもしれません。

小児科医に相談する目安

夜泣きで小児科を受診することに戸惑っておられる方は少なくないと思います。〝ひどい夜泣き〟は乳幼児慢性不眠障害という病気です。長期化した睡眠不足のために脳の働きがぼんやりするので、子どもにとって出来ないことが増えてしまいます。その結果、2次症としての「言葉の遅れや自己評価の低下」が現れることがあります。また、乳幼児不眠障害の診療をする中で、発達障害が見つかれば、早期に介入することも可能になります。そして、この病気は子ども本人だけでなく、母親（保護者）の不眠障害をも合併します。

まずは、巻末についている『すいみん日誌』を記録してみてください。

『すいみん日誌』をつけてみる

『すいみん日誌』を2週間つけて、子どもの眠りを「見える化」しましょう。

巻末の『すいみん日誌』をコピーして使ってください。記入例のように、眠っていた時間帯を塗りつぶし、夕食と入浴の時刻をチェックしてください。授乳していれば、その時刻をチェックしてください。また、寝起きの状態を把握するために、自分で起きた日は○を塗りつぶしてください。朝食を食べた日も○を塗りつぶしてください。一番下にある記載欄には、気になるエピソードを記入しておくと、2週間後に『すいみん日誌』を振り返って見直したときに役立ちます。

『すいみん日誌』では、子どもの眠りを客観的にみることができ、改善点の気づきにつながります。①就寝時刻が定まっている、②夜間睡眠時間が10~11時間確保できている、③夜中に途中で起きない、④起床時刻が定まっている、⑤朝は自分で起きている、⑥夕方に寝ていない、⑦入浴時刻が遅くない、⑧（1日3回食になれば、）夕食の時刻がさだまっている、⑨授乳のタイミングの確認、⑩平日も休日も同じような生活ができている、などを確認します。これらの項目について、「乳幼児の眠りを育てる12箇条」を使って検討し、必要ならば改善してください。また、『すいみん日誌』の記録は、地域の保健師や小児科医などに相談する際にも、大いに役立ちます。言葉で伝えるよりも効果があります。辛さを理解してもらいやすいだけでなく、保健師や小児科医などから適切なアドバイスが得られやすくなります。

次の図を参考にして、小児科医に相談する目安をイメージしてください。**最も重要なポイントは、母親（保護者）が育てにくさを感じているか否か**です。「育てにくさを感じる」ならば、まずは子育て世代包括支援センター窓口に連絡して、地域の保健師に相談しましょう。かかりつけの小児科医にも相談してください。

そして、〝ひどい夜泣き〟の症状と判断基準（1章P.9の表）に該当するならば、小児科医を受診してください。その際、記録した『すいみん日誌』を持って行って状態を説明しましょう。小児科医の理解が得られやすいと思います。

小児科医を受診する目安

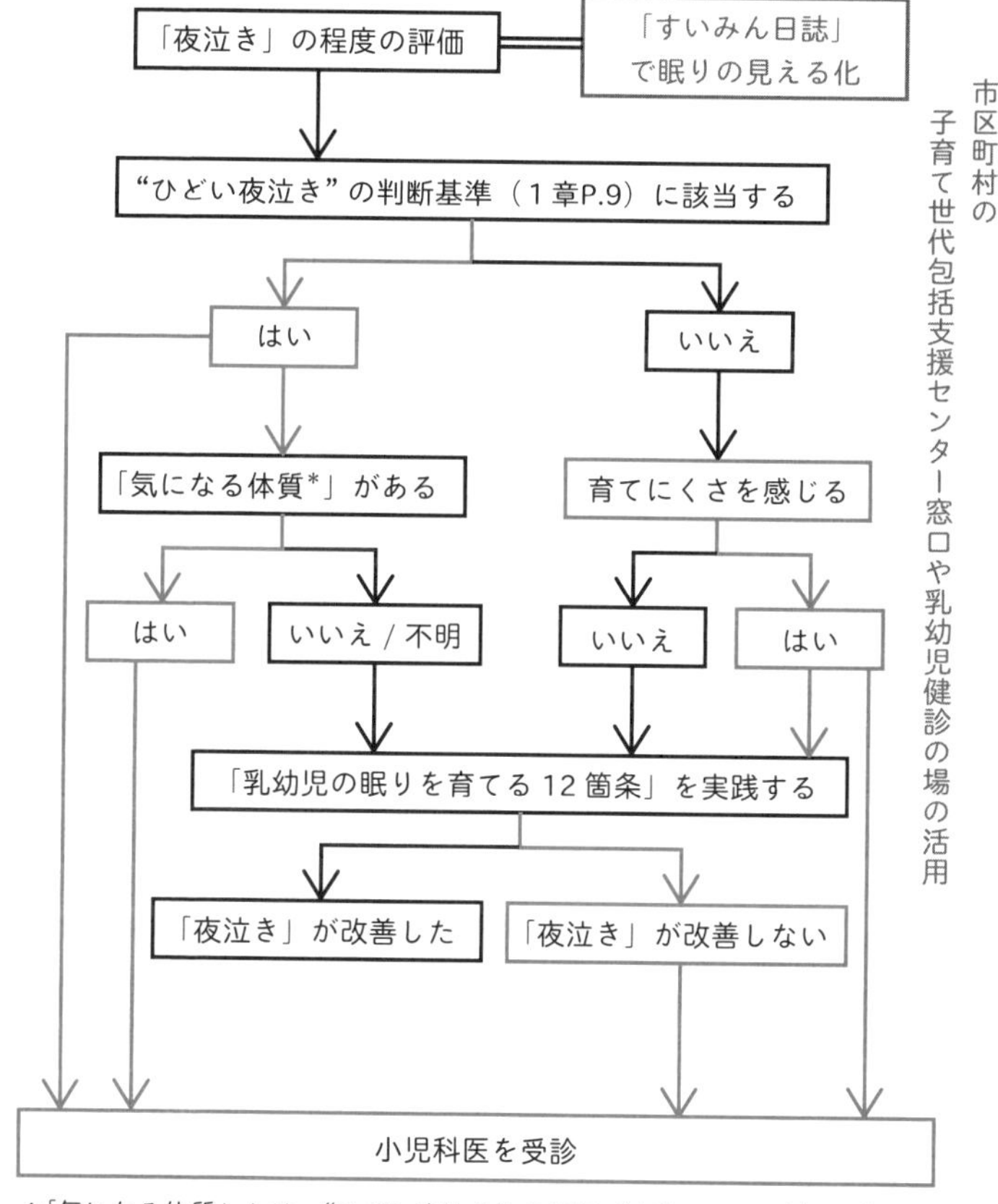

*「気になる体質」とは、“ひどい夜泣き”の原因（1章 P.32 の表）で体質要因に該当する心配がある場合です。

また、眠るのが上手でない「**気になる体質**」があるようならば、小児科医を速やかに受診してください。気になる体質とは、いびき・鼻づまり・哺乳力が弱い・口呼吸・息遣いが荒い・うつ伏せ寝を好む・痒みを伴う状態・脚がむずむず？・痛みを伴っていそうな状態などが挙げられます。

特に、哺乳力が弱い・息遣いが荒い・痛みを伴っていそうな状態、そして急性の病気（発熱・咳・嘔吐・下痢など）などではすぐに小児科医を受診してください。

また、自傷行為（頭をぶつけたり、髪の毛を抜いたり）・視線が合いにくい・喃語が出ない・言葉の発達の遅れ・こだわりが強い・かんしゃく持ちなども「**眠るのが上手でない体質**」が疑われますので、小児科医に相談してください。

「**気になる体質**」がなければ、まずは「乳幼児の眠りを育てる12箇条」を実践し、上手くいかなければ、地域の保健師や小児科医に相談してください。

第5章

子育ちの5原則

眠る

食べる

遊ぶ

手本を知る

安心できる

親や大人が限界を知る

子育ては戸惑いの連続です。子どもの個性は一人ひとり異なります。二人目や三人目の子を、一人目と同じように育てたつもりであっても、子どもの反応はそれぞれ違います。女の子、男の子でも違います。体格や性格も一人ひとり違います。

子どもが育つ周りの環境も微妙に異なります。姉（兄）がいる場合といない場合、弟（妹）がいる場合といない場合、育つ地域の風土・習慣・文化・気候の違いによる影響など、環境にも無数の組み合わせがあります。親や大人が育った時代・環境も子どもとは異なります。

子どもの考えていることがわからず、戸惑われる親や大人が少なくないのは当然のことです。私も例外ではありません。ただ、私は小児科医として、多くの子どもたちとその保護者との出会いがあり、気づかせていただいたことがいくつかあります。

見える世界と見えない世界

見える世界だけで判断すると、子どもを誤解します

そのひとつは、「親や大人の側が自らの限界を知る」ということです。謙虚になり、子どもの心の声に耳を傾けることが大切です。私たちは、幼い時から積み重ねてきた経験と知識、置かれた立場、その中で醸成された価値観などによる枠を通して、世の中を理解しています。子どもに対しても、限られた枠を通して理解しています（図「見える世界と見えない世界」）。

一方、子どもの側は、自らの内面のすべてを親や大人に見せてはいません。幼くても、自尊心があり、体面をつくろうことがあります。自分の思いをうまく伝えることができる子とそうでない子がいます。そのような関係性の中で、私たちは毎日の生活を送っています。

親や大人が理解できない子どもの困った行動にも、子どもなりの理由や原因があるはずです。表面の行動だけで判断せず、子どもの心に耳を傾けねばなりません。毎日の生活で忙しい親や大人にとって、子どもの心に耳を傾けるといったことは必ずしも容易ではないかもしれません。しかし、親・大人が子どもの心に耳を傾けようと努めるならば、その理解が少々ズレていても、子どもは納得するのではないでしょうか。

子どもの個性を理解する

子どもは、まず、首が座り、這い這いができるようになり、そして伝い歩きから独り歩きができるようになります。行動範囲を広げながら、自らの身体を通してさまざまな経験を重ねていきます。その経験の中から多くのことを学び、それらの学びによって脳の神経細胞ネットワークが整理され、脳が育ちます。そして、育った脳と体は、新たな経験と学びを積み重ねることでさらに育ちます。

与えられた体には、一人ひとり違いがあります。そのため、同じ環境で同じ経験をしても、学びには個人ごとの違いが少しずつあり、そこから育まれる「世の中に対する解釈力」は個人ごとに違ってきます。さらに、それぞれの人生の中で、遭遇する環境や経験には違いがあります。個別の体の違いと、遭遇する環境と経験の違いとの無数の組み合わせで、個性が育まれていくようです。

子どもの個性を理解する上で、重要な3つの視点があります。

「感覚の個人差」、「成長・発達の個人差」、「脳のアンバランスな成長・発達」です。

「感覚の個人差」を知って子どもの感じ方に寄り添う

子どもは、母親の胎内にいる時から、自らの体を動かし、体に備わった感覚を通して経験し学んでいます。感覚の中で、触覚は妊娠14週ころから、視覚は妊娠18週ころから、聴覚は妊娠20週過ぎには機能し始めます。妊娠34週の胎児では、あくび、舌出し、微笑、手で顔や頭を触れる、指吸いなど新生児と同様の動きが確認されています。また、妊娠38週の胎児は、母親の声を聞き分けることができることも明らかにされています。(42)

皮膚や口の粘膜などで触れるものから感じる触覚（温度感覚・痛覚を含む）、見えるものから感じる視覚（色・明暗）、聞こえるものから感じる聴覚、舌で感じる味覚（甘味・塩味・酸味・苦味）、におうものから感じる嗅覚、身体全体の向き・傾き・動きを感じる平衡感覚、関節や筋肉の動きを感じる固有感覚、心臓の鼓動や胃腸の動きなどを感じる内受容感覚、これらすべてに個人差があります。親子の間でも、兄弟姉妹の間でも違いがあります。

例えば、触覚が敏感でシャワーが痛くて入浴嫌いになった子がいました。夏の寝室のエアコン温度設定が22℃でないと眠れない暑がりの子もいました。寝相が悪い子の中には、暑がりのために冷たい寝床を求めて移動している子もいました。光に敏感な子は、カーテンの隙間から差し込む僅かな光に反応して、夏は朝5時前、冬は朝7時ころに目覚めていました。また、味覚にも個人差があり、料理の好みにも違いが出ます。感覚の個人差のために、親子であっても、快・不快の基準が異なります。そのため、**親・大人が感じる快適な寝室環境や好ましい味つけが、子どもにとって必ずしも**

快適にならないことを知っておく必要があります。

子どもの快・不快を読み取る過程は、子どもを尊重することにもつながります。自らの感じ方を子どもに押し付けることなく、子どもの感じ方に寄り添うことは、親や大人自身が他者との関係性を学び成長する契機にもなります。

「成長・発達の個人差」を知る

子どもの成長・発達は、ゆっくりタイプ、ほどほどタイプ、早いタイプとさまざまあります。暦の年齢は目安にはなりますが、絶対的な指標ではありません。ゆっくりタイプは、同年齢の子に比べて、小柄であったり、できないことがあったりして、本人も保護者も時に不安になります。特に、早産の赤ちゃんでは、出産予定日を起点にした修正月例で成長・発達を評価してください。また、一般的に、女の子の方が男の子よりも早く成熟する傾向があるようです。

ゆっくり過ぎるのも、早過ぎるのも心配です。**母子健康手帳を積極的に活用しましょう。**「保護者の記録」欄や成長曲線で成長・発達を確認します。母子健康手帳には、子どもの育ちを見守る際の重要なポイントがたくさん掲載されています。また、各市区町村の乳幼児健診の場や子育て世代包括支援センター（母子健康包括支援センター）、子育て支援センターなどを利用して、心配事を相談しましょう。一人で考えても、なかなか良い知恵は浮かびません。大事なお子さんゆえに、たくさんの人に相談して多くの知恵をもらいましょう。

大人と子どもの快・不快の感覚は違う

シャワーが痛い子ども

エアコンが22℃でないと
眠れない暑がりの子

わずかな光に反応して起きてしまう子

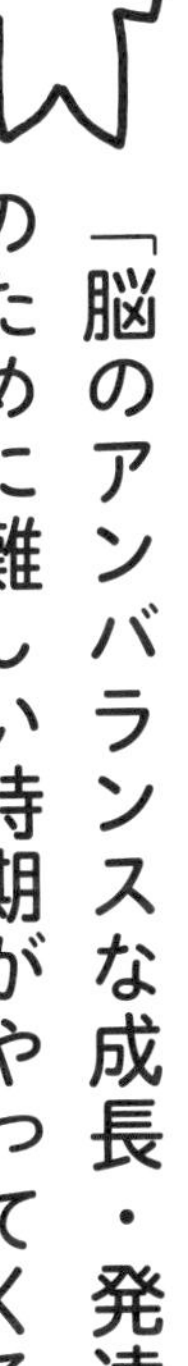

「脳のアンバランスな成長・発達」のために難しい時期がやってくる

脳科学の進歩により、脳内の部位で成長・発達のスピードに違いがあることがわかっています。**恐怖・欲求・衝動などの本能的な情動・感情を沸き立たせる部位**（大脳辺縁系）**は、速いスピードで成長・発達し、最終的には思春期のころに急激に進行し、その後の数年間で完成します。**一方、**思考や情動・感情のコントロールなど人間らしくある機能を担っている部位**（大脳の前頭前野）**の成長・発達は遅く、20代後半までかかってやっと完成します。**(42)

この大脳辺縁系と大脳の前頭前野の成長・発達のアンバランスのために、情動・感情のコントロールが難しくなる時期が、第一次反抗期（2歳ころのイヤイヤ期）と第二次反抗期（思春期）です。これらの反抗期における子どもの態度・行動は、一律ではなく、一人ひとり違った表現の仕方があり、親・大人を悩ませます。

成長・発達の個人差を知る

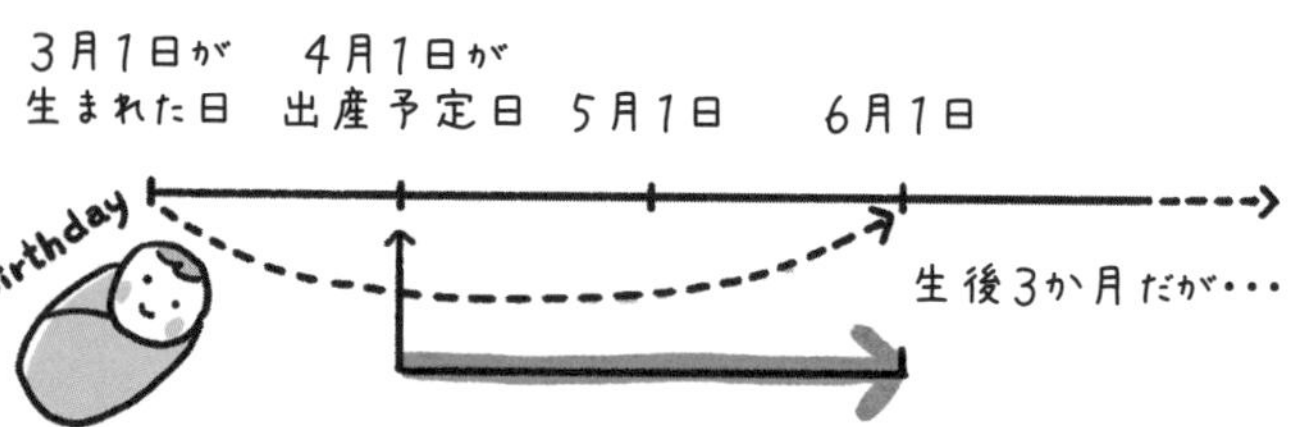

この時期に、これまでの育て方が悪かったのではないかと悩まれる保護者は少なくありません。そうではなく、**反抗期は、誰が悪いわけでもなく、脳の成長・発達の過程で避けることができない現象**と理解すべきです。ただ、この時期に親・大人に求められる姿勢・態度があるように思います。ひとつは、「**ブレない判断基準**」です。**子どもの態度・行動を評価する親・大人の判断基準が、状況によって変わると、子どもは混乱します**。その判断基準としては、「人の身体と心を傷つけることを許さない」、「人の不幸せの上に、自分の幸せを築くことを許さない」、「命を大切にする」ことではないでしょうか。

次に、「**条件付けの行動は避ける**」ことを勧めます。子どもの困った行動を止めさせるために、お菓子やおもちゃを与えて止めさせる行動です。その場を一時的に取り繕うのに役立つかもしれませんが、子どもの要求は次第にエスカレートし、親・大人を悩ませます。子どもの困った行動には、（幼児では抱きかかえて）場面や場所を変え、子どもの気持ちが落ち着くまで待ちます。そして、**場面に応じて、「我慢したの**

イヤイヤ期は脳の成長・発育の過程

なら、我慢できたことを褒め」、「諭（さと）す際には、穏やかな口調で、そのような行動をとった理由を子どもに尋ねる」ことが、親・大人の望ましい行動とされています。戸惑いの多い子育ての中で、親・大人は鍛えられ、人間として成長させられます。

次に、個性ある子どもの育ちの中で、親・大人が心得ておくべき5つのポイントを確認してみましょう（子育ちの5原則）。

子育ちの5原則とは

一人ひとり違った個性をもつ子どもに対して、大人ができることは「眠る・食べる・遊ぶ・手本を知る・安心できる」の5つを適切に提供することだと思います（図「子育ちの5原則」）。

●眠る

しっかり眠ることにより、脳が育ち・守られ、脳の働きが良くなることは、これまでに解説してきました。

●食べる

食べることは、生きていくために不可欠な行為です。自分が食べるために、家族を

子育ちの５原則

（親・大人が心得ておくべき５つのポイント）

5. 安心できる

1. 眠る

個別の体

感覚（触覚/視覚/聴覚/味覚/嗅覚/平衡感覚/固有感覚/内容感覚）、理解力、表出力、記憶力、サイズ&機能等の違い

4. 手本を知る

2. 食べる

を通しての経験と学び
→個別の解釈力

3. 遊ぶ

食べさせるために、太古の昔から人は働いてきました。狩猟採集から農耕牧畜へと文明が進歩し、飢えとの闘いを生き抜いてきた現代人の脳と身体には、食べることを最優先する脳と、体の仕組みがつくられています。そのため、空腹は、脳の目覚めのシステムを優位にさせ、ヒトを眠れなくします（第２章P.61図参照）。

●乳幼児が避けるべき食品

さて、乳幼児が避けるべき食品について述べておきましょう。母子健康手帳や他の育児書にもある通りですが次の図のものになります。

その中で、**カフェインには、興奮・覚醒作用と体内時計を乱す作用があります**[43]。眠れなくなり、身体のリズムが乱れます。カナダ保健省は、１日のカフェイン摂取量の上限を、妊婦・授乳婦が３００mg（コーヒーを１杯２３０ｍＬ入りマグカップで２杯程度）、４～６歳の幼児で45mgを推奨しています[44]。

いずれの場合も昼間の摂取が望まれます。また、**３歳までは、カフェインを体内で**

ピーナッツ

はちみつ

山いも

ぎんなん

のどに詰めて窒息事故の危険があるもの（もち、プチトマト、こんにゃくゼリー、飴など）

カフェイン（緑茶、紅茶、ウーロン茶、コーヒー、ココア、チョコレート、コーラや栄養ドリンクなどに含まれる）

生卵やさしみなどの生もの

炭酸飲料・ジュース

上手く処理できないので、与えないようにしてください。

●日光とビタミンDの関係

ところで、最近の日本の子どもたちは、外遊びをする機会が減っています。親・大人が紫外線を過剰に避ける工夫をするため、ビタミンD不足の傾向にもあります。**ビタミンDは、カルシウムの吸収や骨の健康に必要な栄養素です。**各種細胞の成長・分化や免疫・筋肉・脳の機能にとっても必要です。ビタミンDは、魚・きのこ類・卵黄などの食品から摂ることができますが、太陽光の中の紫外線UVBを浴びることで皮膚でもつくられます。ちなみに紫外線UVBはガラスを透過しないので、屋外に出なければ浴びたことにはなりません。

厚生労働省「日本人の食事摂取基準（2020年版）」によると、ビタミンDの1日あたりの食事摂取基準は、妊婦・授乳婦を含む大人が8．5μg、乳児が5．0μg、幼児が3．0〜5．0μgとされ、同時に日光浴が推奨されています。(45)

5.5μgのビタミンDを体内合成するために必要な日光浴の時間（大人の場合）

測定地点	7月（晴れの日）（両腕と顔を露出した夏服）			12月（晴れの日）（両手と顔を露出した冬服）		
	9時	12時	15時	9時	12時	15時
札幌	7.4分	4.6分	13.3分	497.4分	76.4分	2741.7分
つくば	5.9分	3.5分	10.1分	106.0分	22.4分	271.3分
那覇	8.8分	2.9分	5.3分	78.0分	7.5分	17.0分

国立環境研究所地球環境研究センターの研究では、(46)ビタミンDが皮膚でつくられるために必要な日光浴の時間は季節・時刻・緯度により異なります（上の表）。

大人では、7月の晴れの日、午前9時ころの関東あたりでは、通常の夏服で6分間程度の日光浴で5．5μgのビタミンDが合成されるようです。なお、肌の露出面積が広いほど、単位時間あたりのビタミンD合成量が増え、日光浴の時間を短くできます。日光浴の時間を短くできれば、紫外線の肌への気になる影響を減らすことができます。

紫外線の肌への影響は、皮膚に紅斑（皮膚が赤くなる現象）を起こす最少の紫外線量で評価されます。これを最少紅斑紫外線量といいます。最少紅斑紫外線量は肌の色によっても異なり、肌が白い人ほど紫外線に弱いことが分かっています。

国立環境研究所地球環境研究センターの試算では、最少紅斑紫外線量に達するまでには、必要なビタミンDを生成する紫外線照射時間の約4〜6倍の時間が必要とのことです。最少紅斑紫外線量を超えると、シミや皮膚の黒化の原因になります。

長期間紫外線を浴び続けると日光角化症や、皮膚が弱い場合には皮膚がんになる可能性も否定できません。日光過敏の体質の人では、紫外線を避けてください。また、サプリメントなどでビタミンDを過剰に摂ると、体内のカルシウムが増え過ぎて、高カルシウム血症や腎障害などの病気になることもあります。注意してください。

通常の食事と外気浴（適度な日光浴）でビタミンDを調整することをおすすめします。特に、**妊産婦・授乳婦は、母乳中のビタミンDを増やすために、ビタミンDが豊富な食品を摂り、子どもとともに外気浴に努めてください。**

離乳食は、身体のリズムを整えるために、毎日ほぼ同じ時刻に摂りましょう。離乳

離乳食の時期になったら

後期（生後9～11か月頃）には、離乳食は1日3回となり、食べる量も増えます。そのため、通常は授乳回数が減ります。しかし、この時期になっても、他に病気らしいものがないのに、夜間授乳の回数が多くて子どもの睡眠を妨げているならば、夜間断乳することをおすすめします。夜間断乳をうまく成功させる秘訣は、母親一人で頑張らないことです。子どもにとって、母親は授乳してくれる人です。**夜間の子どもへの対応を父親（または祖父母）にするだけで、子どもは授乳できないことを悟り、夜間断乳が比較的容易にできます。**

●遊ぶ

〝遊ぶ〟ことは、〝体を動かすこと〟と広く解釈してください。子どもは、遊ぶことで多くのことを学びます。遊びは、骨・筋肉・感覚機能の育ちを促し、創造的な脳がつくられ、前向き志向の考えや心が育つことにつながります。大人が準備したルールに従うゲームや遊びよりも、(47)**子どもたちが自分たちで創造的に役割やルールを考え出す〝自由遊び〟が推奨されます。**〝自由遊び〟であるごっこ遊びや空想的な遊びにより、社会生活上のスキル・創造性・問題解決能力が育まれます。

近年は、子どもが屋外で安心して遊ぶことができるスペースが減りました。子どもの数が減って、屋外で共に遊べる友だちも少なくなりました。幼児期からの習い事も盛んです。その上、幼い子どもの興味を引きつける番組や動画・ゲームが配信され、テレビやタブレット・スマホを利用する時間も増えました。その結果、〝自由遊び〟を確保することが難しくなりました。屋外で走り回り転げ回る〝自由遊び〟ができなくなり、身体の感覚機能や運動機能が低下しています。文部科学省の調査では、最近の子どもは、30年前と比較して、体格は大きいが、50m走もソフトボール投げも記録が悪くなっています。靴のひもを結べない子やスキップができない子が増えているとのことです。

また、**眼を動かす力が低下している子も増えているよ**うです。**視力が良くても、眼球運動がうまくいかないと、本が読みづらくなり、字を書き写すことが苦手になり、**

学業に支障をきたします。そのため、眼球運動を鍛えるビジョントレーニングを導入する小学校もあります。眼球運動がスムーズになると、できることが増えて、学業成績が良くなる子もいるようです。さらに、国立青少年教育振興機構からも、子どもの頃に「自然体験」や「友だちとの遊び体験」が豊富な人ほど、大人になって「もっと深く学んでみたい」といった意欲・関心が高く、「どんなことも、あきらめずにがんばればうまくいく」と回答する割合が高く、「社会や人のためになる仕事をしたい」といった職業意識が高くなる傾向が報告されています(48)。

将来を担う子どもたちの育つ環境について、社会全体で考えなければならない時期が来ているように思います。ひとりの親・大人だけでは解決できない問題が社会には数多くあります。〝自由遊び〟の大切さを知り、自宅の中でのテレビやタブレット・スマホの利用方法や時間について慎重に考えてください。長時間のビデオゲームは、子どもの脳の発達と言語性知能に悪影響を及ぼすことが示されています(49)。中学生であっても、勉強以外の目的でのタブレット・スマホ使用は1時間以内が望ましいと考えられています。

●手本を知る（親・大人の姿）

身近な親・大人が手本を示すことが大切です。子どもは身近な手本を知って、真似て、その手本に同化しながら育ちます。身近にいる人とともに生きていくための必要条件だからです。それだけに、身近にいる親・大人の責任は重大ですが、聖人君子である必要はありません。例えば、電車の中で妊婦・老人・身体の不自由な方に席を譲る姿などを、子どもに見せたいものです。

子どもは、幼い子ほど触覚と視覚に頼って学んでいます。子どもが言葉を覚える条件を試す実験がありました。そこでは、「子どもと視線を合わせて、子どもの体をやさしく触りながら、語りかけた場合」の方が、「テレビ画面を通して、一方的に音声を流した場合」より、多くの言葉を覚えていたとの結果が出ていました。(42) 子どもに手本を示す際、聴覚を通しての言葉だけでなく、触ったり視せたりもして、多くの感覚

温かさ・穏やかさ

肌を通して感じられる温かさ・穏やかさが
脳に安心を届ける

を同時に利用した方が伝わりやすいようです。また、この実験結果は、テレビやタブレットなどを使った学習には限界があることを示唆しているかもしれません。

●安心できる

子どもの育ちに、安心できる居場所の確保は大切です。その原点は、親・大人にやさしく抱き包まれた腕の中です。乳児期には触感が最も発達しており、親・大人の腕の中で肌を通して感じられる温かさと穏やかさが、子どもの脳に安心を届けます。肌を通して感じられる安心感が、アタッチメントです。**乳幼児期に育まれたアタッチメントは、大人になっても安心感を脳に届けます**。医療現場で行われる「手当て」は、アタッチメントの活用です。患者の手をやさしく握ったり、腕や背中をやさしく擦ったりすることにより、患者の苦痛がやわらぎます。

子どもは、成長・発達に伴い行動範囲が広くなり、親・大人の腕の中から飛び出して、さまざまな経験と学びを積み重ねていきます。その中で、残念な思いをした場合に、安心できる居場所があり、別の小さな成功体験で達成感を味わうことができれば、失敗を恐れず前向きの人生を歩んでいける推進力になります。できなかったことに対する残念な思いや、できないことに対する不安感は、子ども自身が痛いほど感じています。できたことやできることを見て褒めて、子どもが自信を失わないように寄り添っていくのが親・大人の大切な役割だと思います。

子育ちの5原則が守られ、子どもたちが自分らしい人生をしっかりと歩んでくれることを願っています。

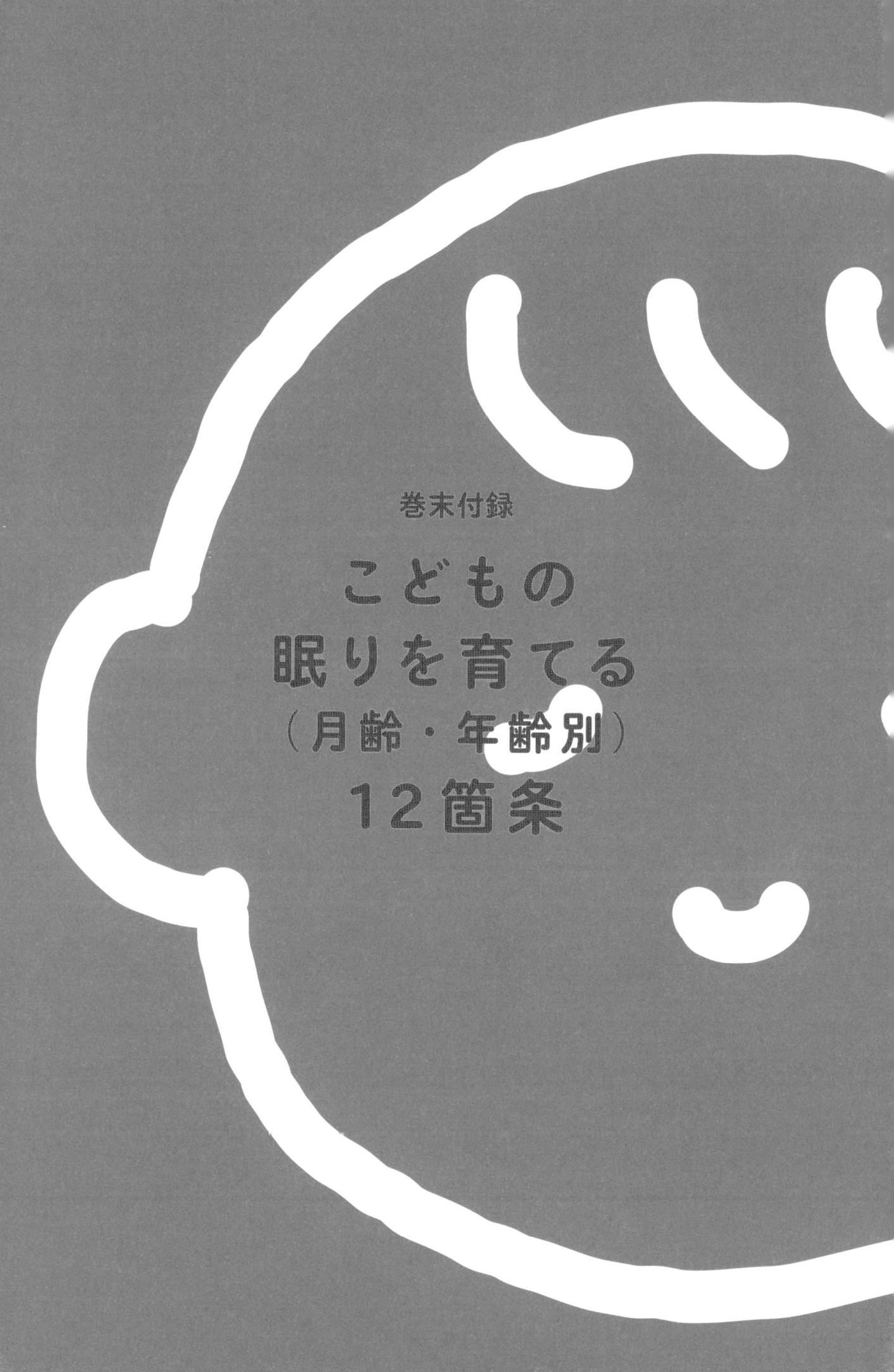

巻末付録

こどもの眠りを育てる（月齢・年齢別）12箇条

巻末付録

眠りに影響する要素には、次のAからHの８つの要素があります。

本文で解説した「乳幼児の眠りを育てる12箇条」の①から⑫を、それらの要素にひもづけると、次の表になります。

また、「乳幼児の眠りを育てる12箇条」で具体的にどんなことをしたらよいのかを、月齢ごとにまとめてチェックできる表にしました。

ＵＲＬ：https://fuumeisha.co.jp/pdf/twelvemonths.pdfより同じものをダウンロードしてお使いいただけます。

お子さんの月・年齢に該当するページをご覧いただき、ひとつ一つチェックして、お使いください。

眠りに影響する要素	乳幼児の眠りを育てる12箇条
A、体内時計を育てる	①明暗（昼夜）リズムをつける ②眠る1時間前からは強い光を見せない ③入浴は遅くとも眠る1時間前までに済ませる ④規則的な生活をさせる
B、日中に体と脳を働かす	⑤日中に活動させる（遊ばせる）
C、空腹を避ける	⑥夜中、空腹にさせない（年齢に応じた対応をする）
D、安心できる環境をつくる	⑦不安・緊張の少ない生活環境づくりに努める
E、寝室環境を整える	⑧寝るための専用スペースをつくる ⑨寝るための専用スペースを安全・快適にする
F、睡眠スケジュールを整える	⑩望ましい夜間睡眠時間を確保する
G、寝つく力を育てる	⑪寝る前の決まり事（入眠儀式）により、寝る時刻が来たことを子どもに理解させる
H、眠り続ける力を育てる	⑫睡眠の途中で目覚めた時に関わり過ぎない

を優先する）（早産児では、出産予定日から計算した修正月齢で12箇条を運用する）

乳幼児の眠りを育てる12箇条

①明暗（昼夜）リズムをつける

②眠る1時間前からは強い光を見せない

③沐浴は遅くとも眠る1時間前までに済ませる

④規則的な生活をさせる（年齢に応じた沐浴・起床・就寝・食事の時刻を決める）

⑤日中に活動させる（遊ばせる）

⑥夜中、空腹にさせない（年齢に応じた対応をする）

⑦不安・緊張の少ない生活環境づくりに努める

⑧寝るための専用スペースをつくる

⑨寝るための専用スペースを安全・快適にする

具体的な項目

□昼は明るく賑やかな環境、夜は暗くて静かな環境をつくる

（昼の目安は朝7時～19時、夜の目安は19時～翌朝7時）

□昼間には優しく声をかけながら、子どもに積極的に関わる

□夜間時間帯は、関わりを少なくして、子どもを興奮させない

□夜間睡眠中の授乳やオムツ替えは、薄暗くて静かな環境で手短に行う

□リビングの照明を電球色（暖色系、色温度3000K以下）にする。または、リビングの照明を少し暗くする

□タブレット・スマホ・テレビの光を見せない

□日中から夕方までに沐浴させる

□カーテンを開けて太陽の光で朝7時までに起こす

□沐浴の時刻を決める

□2歳まで、タブレット・スマホ・テレビを子守りの手段として使わない

□子ども任せで欲しがる時に授乳する

□カフェインを与えない（3歳まで避ける）

□毎日同じような生活を繰り返さす

□いつもと違うことは少しずつにする（変化は少しずつにする）

□母親の睡眠・昼夜リズムの確保に努める

□父親・家族に協力してもらう

□子どもをはげしく揺さぶらない

□寝るための専用部屋、または専用場所を決める

□寝るための専用空間で遊ばせない

□寝るための専用空間にテレビ・スマホなどを置かない

□エアコン・暖房機・扇風機などの風が子どもに直接あたらないようにする

□室温は冬期が20～25℃、夏期が26～28℃程度にする

る時刻が来たことを子どもに理解させる、はありません。

（子ども任せで欲しがる時に授乳し、母親の体調回復と母乳育児を軌道に乗せること

⑫睡眠の途中で目覚めた時に関わり過ぎない

＊健康チェック

＊急性の病気が疑われる場合は、速やかに小児科医に相談する

□湿度を50％程度に維持する
□子どもの感覚（感じ方の個人差）に配慮する
（○光、○音、○室温、○湿度、○皮膚感触の感じ方に注意する）
□子どもの顔が見えるように「あお向け」に寝かせる
□子どもにとって重たくない寝具を使う
□ふかふかで顔が埋まるようなものは避ける
□子どもの体にものが落ちたり・倒れてこない場所に寝かせる
□ベッドの場合、子どもがベッドから落ちない工夫をする
□夜間睡眠中のオムツ替えは短時間で済ませる
○（寝室以外の明るい場所で）便を観察する
□先天性代謝異常等の検査を受ける
□新生児聴覚検査を受ける
□ビタミンK2シロップが、少なくとも3回投与されていることを確認する
（①出生後に数回の哺乳後、②生後1週、③1か月健診時）
□母乳栄養に努めている
□子どものそばにタバコがない環境をつくる
□裸にしても手足をあまり動かさない場合、小児科医に相談する
□乳をあまり飲まない、もしくは飲めない場合、小児科医に相談する
□大きな音に驚かない場合、小児科医に相談する
□へそが乾かない場合、小児科医に相談する
□瞳が白く見えたり、黄緑色に光る場合、小児科医／小児眼科医に相談する
□便が黒い、または赤い血液が混じっていれば、小児科医に相談する
□便の色を母子健康手帳の便色カードと比較して、白さを確認する
□啓発動画「あかちゃんが泣き止まない〜泣きへの対処と理解のために」を見る（厚労省ウェブサイト）
□不機嫌だったり、哺乳力が弱くなったり、呼吸が苦しそうだったり、熱があったりなど急性の病気がありそうで、眠れない場合は、速やかに小児科医を受診する

※0〜1か月用には、⑩望ましい夜間睡眠時間を確保する、⑪寝る前の決まり事（入眠儀式）により、寝

を優先する）（早産児では、出産予定日から計算した修正月齢で12箇条を運用する）

乳幼児の眠りを育てる12箇条	具体的な項目
①明暗（昼夜）リズムをつける	□昼は明るく賑やかな環境、夜は暗くて静かな環境をつくる （昼の目安は朝7時～19時、夜の目安は19時～翌朝7時） □昼間には優しく声をかけながら、子どもに積極的に関わる □夜間時間帯は、関わりを少なくして、子どもを興奮させない □夜間睡眠中の授乳やオムツ替えは、薄暗くて静かな環境で手短に行う
②眠る1時間前からは強い光を見せない	□リビングの照明を電球色（暖色系、色温度3000K以下）にする。または、リビングの照明を少し暗くする □タブレット・スマホ・テレビの光を見せない
③入浴は遅くとも眠る1時間前までに済ませる	□日中から夕方までに入浴させる
④規則的な生活をさせる（年齢に応じた入浴・起床・就寝・食事の時刻を決める）	□カーテンを開けて太陽の光で朝7時までに起こす □入浴時刻を決める
⑤日中に活動させる（遊ばせる）	□2歳まで、タブレット・スマホ・テレビを子守りの手段として使わない
⑥夜中、空腹にさせない（年齢に応じた対応をする）	□子ども任せで欲しがる時に授乳する □カフェインを与えない（3歳まで避ける）
⑦不安・緊張の少ない生活環境づくりに努める	□毎日同じような生活を繰り返す □いつもと違うことは少しずつにする（変化は少しずつにする） □母親の睡眠・昼夜リズムの確保に努める □父親・家族に協力してもらう □子どもをはげしく揺さぶらない
⑧寝るための専用スペースをつくる	□寝るための専用部屋、または専用場所を決める □寝るための専用空間で遊ばせない □寝るための専用空間にテレビ・スマホなどを置かない
⑨寝るための専用スペースを安全・快適にする	□エアコン・暖房機・扇風機などの風が子どもに直接あたらないようにする □室温は冬期が20～25℃、夏期が26～28℃程度にする □湿度を50％程度に維持する□子どもの感覚（感じ方の個人差）に配慮する

はありません。

2か月用

（子ども任せで欲しがる時に授乳し、母親の体調回復と母乳育児を軌道に乗せること

⑩望ましい夜間睡眠時間を確保する	（○光、○音、○室温、○湿度、○皮膚感触の感じ方に注意する） □子どもの顔が見えるように「あお向け」に寝かせる □子どもにとって重たくない寝具を使う □ふかふかで顔が埋まるようなものは避ける □子どもの体にものが落ちたり・倒れてこない場所に寝かせる □ベッドの場合、子どもがベッドから落ちない工夫をする □夫婦で、今後の子どもの睡眠スケジュールについて左記の点で合意しておく ○2か月から朝起こす時刻を決める（朝7時までが望ましい） ○「3か月から夜の就寝時刻を決めて、入眠儀式を始める」計画を立てる ○「就寝時刻の1時間前までに夕食と入浴を終わらせる」計画を立てる ○「4か月過ぎから、夜の睡眠時間を合計10時間以上になる」計画を立てる ○年齢に応じた望ましい睡眠時間を知る（P.58） ○本書を利用して、乳幼児の睡眠スケジュールのイメージをつくる
⑫睡眠の途中で目覚めた時に関わり過ぎない	□夜間睡眠中のオムツ替えは短時間で済ませる ○（寝室以外の明るい場所で）便を観察する
＊その他の健康チェック	□母乳栄養に努めている □子どものそばにタバコがない環境をつくる □裸にしても手足をあまり動かさない場合、小児科医に相談する □乳をあまり飲まない、もしくは飲めない場合、小児科医に相談する □大きな音に驚かない場合、小児科医に相談する □へそが乾かない場合、小児科医に相談する □瞳が白く見えたり、黄緑色に光る場合、小児科医／小児眼科医に相談する □便が黒い、または赤い血液が混じっていれば、小児科医に相談する □便の色を母子健康手帳の便色カードと比較して、白さを確認する □啓発動画「あかちゃんが泣き止まない～泣きへの対処と理解のために」を見る（厚労省ウェブサイト）
＊急性の病気が疑われる場合は、速やかに小児科医に相談する	□不機嫌だったり、哺乳力が弱くなったり、呼吸が苦しそうだったり、熱があったりなど急性の病気がありそうで、眠れない場合は、速やかに小児科医を受診する

※2か月用には、⑪寝る前の決まり事（入眠儀式）により、寝る時刻が来たことを子どもに理解させる、

した修正月齢で12箇条を運用する）

乳幼児の眠りを育てる12箇条	具体的な項目
①明暗（昼夜）リズムをつける	□昼は明るく賑やかな環境、夜は暗くて静かな環境をつくる（昼の目安は朝7時～19時、夜の目安は19時～翌朝7時） □昼間には優しく声をかけながら、子どもに積極的に関わる □夜間時間帯は、関わりを少なくして、子どもを興奮させない □夜間睡眠中の授乳やオムツ替えは、薄暗くて静かな環境で手短に行う
②眠る1時間前からは強い光を見せない	□リビングの照明を電球色（暖色系、色温度3000K以下）にする。または、リビングの照明を少し暗くする □タブレット・スマホ・テレビの光を見せない
③入浴は遅くとも眠る1時間前までに済ませる	□日中から夕方までに入浴させる
④規則的な生活をさせる（年齢に応じた入浴・起床・就寝・食事の時刻を決める）	□カーテンを開けて太陽の光で朝7時までに起こす □睡眠スケジュールを考えて、夜の就寝時刻を決める □入浴時刻を決める □時刻がズレても前後1時間程度におさまる生活をさせる
⑤日中に活動させる（遊ばせる）	□年齢に応じた遊びを取り入れる □2歳まで、タブレット・スマホ・テレビを子守りの手段として使わない □（天気が良い日に）外気浴をさせている
⑥夜中、空腹にさせない（年齢に応じた対応をする）	□夜寝る30分前に、寝室でない別の決まった場所で、しっかり授乳する □夜間授乳が必要以上に増えないように注意する（夜間は2回程度） □昼間の授乳は欲しがる時に与える □カフェインを与えない（3歳まで避ける）
⑦不安・緊張の少ない生活環境づくりに努める	□毎日同じような生活を繰り返す □いつもと違うことは少しずつにする（変化は少しずつにする） □母親の睡眠・昼夜リズムの確保に努める □父親・家族に協力してもらう □子どもをはげしく揺さぶらない
⑧寝るための専用スペースをつくる	□寝るための専用部屋、または専用場所を決める □寝るための専用空間で遊ばせない □寝るための専用空間にテレビ・スマホなどを置かない
⑨寝るための専用スペースを安全・快適にする	□エアコン・暖房機・扇風機などの風が子どもに直接あたらないようにする □室温は冬期が20～25℃、夏期が26～28℃程度にする □湿度を50％程度に維持する

3か月～5か月用

（早産児では、出産予定日から計算

□子どもの感覚（感じ方の個人差）に配慮する
（○光、○音、○室温、○湿度、○皮膚感触の感じ方に注意する）
□子どもの顔が見えるように「あお向け」に寝かせる
□子どもにとって重たくない寝具を使う
□寝返りしても、窒息しないように寝具等に配慮する
□子どもの体にものが落ちたり・倒れてこない場所に寝かせる
□ベッドの場合、子どもがベッドから落ちない工夫をする

⑩望ましい夜間睡眠時間を確保する

□3か月から、今後の睡眠スケジュールを考えて、就寝時刻をほぼ決める
□3か月から、寝る前の入眠儀式（決まりごと）を始める
□夜の就寝時刻の1時間前までに入浴を終わらせる
□4か月から、夜間睡眠時間が合計10時間以上になるよう就寝時刻を決める

⑪寝る前の決まり事（入眠儀式）により、寝る時刻が来たことを子どもに理解させる

□眠る1時間前から、強い光（室内灯・スマホ・タブレット・テレビなど）を見せない、興奮させる遊びや刺激を避ける、騒がしくしない
□寝る前に、年齢に応じた穏やかな決まりごと（子守唄、絵本、ぬいぐるみ、おやすみの挨拶など）を習慣づける
□添い寝授乳を避ける（寝つくための条件付けになるのを避ける）
□寝つくために体を揺らすこと・散歩やドライブが必要な場合などは、眠るのが上手でない体質の可能性があるので、小児科医に相談する

⑫睡眠の途中で目覚めた時に関わり過ぎない

□夜間睡眠中のオムツ替えは短時間で済ませる
○（寝室以外の明るい場所で）便を観察する
□夜間に目覚めても5分間程度はそっと様子をみる
□夜間授乳が必要以上に増えないように注意する（夜間は2回程度）

＊その他の健康チェック

□母乳栄養に努めている
□子どものそばにタバコがない環境をつくる
□5か月になっても首がすわらない場合、小児科医に相談する
□あやしても笑わない場合、小児科医に相談する
□目つきや目の動きが気になる場合、小児眼科医に相談する
□瞳が白く見えたり、黄緑色に光る場合、小児科医／小児眼科医に相談する
□声をかけても、こちらを見ない場合、小児科医に相談する
□便が黒い、または赤い血液が混じっていれば、小児科医に相談する
□便の色を母子健康手帳の便色カードと比較して、白さを確認する

＊急性の病気が疑われる場合は、速やかに小児科医に相談する

□不機嫌だったり、哺乳力が弱くなったり、呼吸が苦しそうだったり、熱があったりなど急性の病気がありそうで、眠れない場合は、速やかに小児科医を受診する

した修正月齢で12箇条を運用する）

乳幼児の眠りを育てる12箇条	具体的な項目
①明暗（昼夜）リズムをつける	□昼は明るく賑やかな環境、夜は暗くて静かな環境をつくる（昼の目安は朝7時～19時、夜の目安は19時～翌朝7時） □昼間には優しく声をかけながら、子どもに積極的に関わる □夜間時間帯は、関わりを少なくして、子どもを興奮させない □夜間睡眠中の授乳やオムツ替えは、薄暗くて静かな環境で手短に行う
②眠る1時間前からは強い光を見せない	□リビングの照明を電球色（暖色系、色温度3000K以下）にする。または、リビングの照明を少し暗くする □タブレット・スマホ・テレビの光を見せない
③入浴は遅くとも眠る1時間前までに済ませる	□日中から夕方までに入浴させるのが望ましい
④規則的な生活をさせる（年齢に応じた入浴・起床・就寝・食事の時刻を決める）	□カーテンを開けて太陽の光で朝7時までに起こす □睡眠スケジュールを考えて、夜の就寝時刻を決める □入浴時刻を決める □離乳食の時刻を決める □時刻がズレても前後1時間程度におさまる生活をさせる
⑤日中に活動させる（遊ばせる）	□年齢に応じた遊びを取り入れる □2歳まで、タブレット・スマホ・テレビを子守りの手段として使わない □（天気が良い日に）外気浴をさせている
⑥夜中、空腹にさせない（年齢に応じた対応をする）	□離乳食を始める。離乳食は授乳前の空腹時に与える。1日1回から始め、開始後1か月経ったら1日2回、9か月ころに1日3回食にする □夜寝る30分前に、寝室でない別の決まった場所で、しっかり授乳する □夜間授乳が必要以上に増えないように注意する（夜間は1回程度） □昼間は授乳リズムを意識する（しっかり飲めていれば、4時間前後の授乳間隔で、起床直後・昼前・午後・寝る30分前の4回授乳になる） □カフェインを与えない（3歳まで避ける）
⑦不安・緊張の少ない生活環境づくりに努める	□毎日同じような生活を繰り返す □いつもと違うことは少しずつにする（変化は少しずつにする） □母親の睡眠・昼夜リズムの確保に努める □父親・家族に協力してもらう □昼間に、空腹でないのに授乳を求める時、子どもと一緒に遊んだり、おもちゃを与えたり、楽しい音楽を聞かせたりする □子どもをはげしく揺さぶらない
⑧寝るための専用スペースをつくる	□寝るための専用部屋、または専用場所を決める

6か月～9か月用

（早産児では、出産予定日から計算

⑨寝るための専用スペースを安全・快適にする

- □寝るための専用空間で遊ばせない
- □寝るための専用空間にテレビ・スマホなどを置かない
- □エアコン・暖房機・扇風機などの風が子どもに直接あたらないようにする
- □室温は冬期が20～25℃、夏期が26～28℃程度にする
- □湿度を50％程度に維持する
- □子どもの感覚（感じ方の個人差）に配慮する
  （○光、○音、○室温、○湿度、○皮膚感触の感じ方に注意する）
- □子どもの顔が見えるように「あお向け」に寝かせる
- □子どもにとって重たくない寝具を使う
- □寝返りしても、窒息しないように寝具等に配慮する
- □子どもの体にものが落ちたり・倒れてこない場所に寝かせる
- □ベッドの場合、子どもがベッドから落ちない工夫をする

⑩望ましい夜間睡眠時間を確保する

- □夜間睡眠時間が合計10時間以上になるよう就寝時刻を決める
- □寝る前の入眠儀式（決まりごと）を行う
- □夜の就寝時刻の1時間前までに入浴を終わらせる
- □昼寝は、午前中に30分～1時間と昼食後の1～2時間の2回になる
- □夕方寝をさせないようにする

⑪寝る前の決まり事（入眠儀式）により、寝る時刻が来たことを子どもに理解させる

- □眠る1時間前から、強い光（室内灯・スマホ・タブレット・テレビなど）を見せない、興奮させる遊びや刺激を避ける、騒がしくしない
- □寝る前に、年齢に応じた穏やかな決まりごと（子守唄、絵本、ぬいぐるみ、おやすみの挨拶など）を習慣づける
- □添い寝授乳を避ける（寝つくための条件付けになるのを避ける）
- □寝つくために体を揺らすこと・散歩やドライブが必要な場合などは、眠るのが上手でない体質の可能性があるので、小児科医に相談する

⑫睡眠の途中で目覚めた時に関わり過ぎない

- □夜間睡眠中のオムツ替えは短時間で済ませる
  ○（寝室以外の明るい場所で）便を観察する
- □夜間に目覚めても5分間程度はそっと様子をみる
- □夜間授乳が必要以上に増えないように注意する（夜間は1回程度）

＊その他の健康チェック

- □母乳栄養に努めている
- □子どものそばにタバコがない環境をつくる
- □ささやき声で呼びかけて振り向かない場合、小児科医に相談する
- □目つきや目の動きが気になる場合、小児眼科医に相談する
- □瞳が白く見えたり、黄緑色に光る場合、小児科医／小児眼科医に相談する

＊急性の病気が疑われる場合は、速やかに小児科医に相談する

- □不機嫌だったり、食欲が無くなったり、呼吸が苦しそうだったり、熱があったりなど急性の病気がありそうで、眠れない場合は、速やかに小児科医を受診する

した修正月齢で12箇条を運用する）

乳幼児の眠りを育てる12箇条	具体的な項目
①明暗（昼夜）リズムをつける	□昼は明るく賑やかな環境、夜は暗くて静かな環境をつくる（昼の目安は朝7時～19時、夜の目安は19時～翌朝7時） □昼間には優しく声をかけながら、子どもに積極的に関わる □夜の時間帯は子どもを興奮させない □夜間の授乳やオムツ替えでは、薄暗くて静かな環境を維持する
②眠る1時間前からは強い光を見せない	□リビングの照明を電球色（暖色系、色温度3000K以下）にする。または、リビングの照明を少し暗くする □タブレット・スマホ・テレビの光を見せない
③入浴は遅くとも眠る1時間前までに済ませる	□日中から夕方までに入浴させるのが望ましい
④規則的な生活をさせる（年齢に応じた入浴・起床・就寝・食事の時刻を決める）	□カーテンを開けて太陽の光で朝7時までに起こす □睡眠スケジュールを考えて、夜の就寝時刻を決める □入浴時刻を決める □食事の時刻を決める □時刻がズレても前後1時間程度におさまる生活をさせる
⑤日中に活動させる（遊ばせる）	□年齢に応じた遊びを取り入れる □2歳まで、タブレット・スマホ・テレビを子守りの手段として使わない □午前中に外気浴をさせている
⑥夜中、空腹にさせない（年齢に応じた対応をする）	□1日3回の食事のリズムをつける □夕食をしっかり食べさす □夜寝る30分前に、寝室でない別の決まった場所で、しっかり授乳する □夜間の授乳が眠りを妨げているならば、早めに夜間断乳する □1歳あたりでの断乳を検討する。断乳に伴い、補食を検討する □カフェインを与えない（3歳まで避ける）
⑦不安・緊張の少ない生活環境づくりに努める	□毎日同じような生活を繰り返す □いつもと違うことは少しずつにする（変化は少しずつにする） □母親の睡眠・昼夜リズムの確保に努める □父親・家族に協力してもらう □昼間に、空腹でないのに授乳を求める時、子どもとともに遊んだり、おもちゃを与えたり、楽しい音楽を聞かせたりする □子どもをはげしく揺さぶらない
⑧寝るための専用スペースをつくる	□寝るための専用部屋、または専用場所を決める □寝るための専用空間で遊ばせない

10か月～14か月用

（早産児では、出産予定日から計算

⑨寝るための専用スペースを安全・快適にする

□寝るための専用空間にテレビ・スマホなどを置かない
□エアコン・暖房機・扇風機などの風が子どもに直接あたらないようにする
□室温は冬期が20～25℃、夏期が26～28℃程度にする
□湿度を50％程度に維持する
□子どもの感覚（感じ方の個人差）に配慮する
（〇光、〇音、〇室温、〇湿度、〇皮膚感触の感じ方に注意する）
□子どもの顔が見えるように「あお向け」に寝かせる
□子どもにとって重たくない寝具を使う
□寝返りしても、窒息しないように寝具等に配慮する
□子どもの体にものが落ちたり・倒れてこない場所に寝かせる
□ベッドの場合、子どもがベッドから落ちない工夫をする

⑩望ましい夜間睡眠時間を確保する

□夜間睡眠時間が合計10時間以上になるよう就寝時刻を決める
□寝る前の入眠儀式（決まりごと）を行う
□夜の就寝時刻の1時間前までに入浴を終わらせる
□昼寝は、午前中に30分程度と昼食後に1～2時間の2回にしていく
□夕方寝をさせないようにする

⑪寝る前の決まり事（入眠儀式）により、寝る時刻が来たことを子どもに理解させる

□眠る1時間前から、強い光（室内灯・スマホ・タブレット・テレビなど）を見せない、興奮させる遊びや刺激を避ける、騒がしくしない
□寝る前に、年齢に応じた穏やかな決まりごと（子守唄、絵本、ぬいぐるみ、おやすみの挨拶など）を習慣づける
□添い寝授乳を避ける（寝つくための条件付けになるのを避ける）
□寝つくために体を揺らすこと・散歩やドライブが必要な場合などは、眠るのが上手でない体質の可能性があるので、小児科医に相談する

⑫睡眠の途中で目覚めた時に関わり過ぎない

□夜間睡眠中のオムツ替えは短時間で済ませる
〇（寝室以外の明るい場所で）便を観察する
□夜間に目覚めても5分間程度はそっと様子をみる
□夜間授乳を避ける。睡眠を妨げるほどの夜間授乳は、小児科医に相談する

＊その他の健康チェック

□子どものそばにタバコがない環境をつくる
□ささやき声で呼びかけて振り向かない場合、小児科医に相談する
□目つきや目の動きが気になる場合、小児眼科医に相談する
□子どもと視線が合いにくい場合、小児科医に相談する
□喃語がほとんどでない場合、小児科医に相談する

＊急性の病気が疑われる場合は、速やかに小児科医に相談する

□不機嫌だったり、食欲が無くなったり、呼吸が苦しそうだったり、熱があったりなど急性の病気がありそうで、眠れない場合は、速やかに小児科医を受診する

した修正月齢で12箇条を運用する）

乳幼児の眠りを育てる12箇条	具体的な項目
①明暗（昼夜）リズムをつける	□昼は明るく賑やかな環境、夜は暗くて静かな環境をつくる （昼の目安は朝7時～19時、夜の目安は19時～翌朝7時） □昼間には優しく声をかけながら、子どもに積極的に関わる □夜の時間帯は子どもを興奮させない □夜間のオムツ替えでは、薄暗くて静かな環境を維持する
②眠る1時間前からは強い光を見せない	□リビングの照明を電球色（暖色系、色温度3000K以下）にする。または、リビングの照明を少し暗くする □タブレット・スマホ・テレビの光を見せない
③入浴は遅くとも眠る1時間前までに済ませる	□日中から夕方までに入浴させるのが望ましい
④規則的な生活をさせる（年齢に応じた入浴・起床・就寝・食事の時刻を決める）	□カーテンを開けて太陽の光で朝7時までに起こす □睡眠スケジュールを考えて、夜の就寝時刻を決める □入浴時刻を決める □食事の時刻を決める □時刻がズレても前後1時間程度におさまる生活をさせる
⑤日中に活動させる（遊ばせる）	□年齢に応じた遊びを取り入れる □2歳まで、タブレット・スマホ・テレビを子守りの手段として使わない □午前中に外気浴・外遊びをさせている
⑥夜中、空腹にさせない（年齢に応じた対応をする）	□1日3回の食事のリズムをつける □夕食をしっかり食べさす □1日1～2回の補食（間食）を必要に応じて与える （補食は栄養補給であり、お菓子を与えることではない） □断乳している □カフェインを与えない（3歳まで避ける）
⑦不安・緊張の少ない生活環境づくりに努める	□毎日同じような生活を繰り返さす □いつもと違うことは少しずつにする（変化は少しずつにする） □母親の睡眠・昼夜リズムの確保に努める □父親・家族に協力してもらう □昼間に、空腹でもないのに授乳を求める時、一緒に遊んだり、おもちゃを与えたり、楽しい音楽を聞かせたりして、授乳しないようにする □子どもをはげしく揺さぶらない
⑧寝るための専用スペースをつくる。	□寝るための専用部屋、または専用場所を決める □寝るための専用空間で遊ばせない □寝るための専用空間にテレビ・スマホなどを置かない

15か月～18か月用

（早産児では、出産予定日から計算

⑨寝るための専用スペースを安全・快適にする

- □エアコン・暖房機・扇風機などの風が子どもに直接あたらないようにする
- □室温は冬期が20～25℃、夏期が26～28℃程度にする
- □湿度を50％程度に維持する
- □子どもの感覚（感じ方の個人差）に配慮する
  （〇光、〇音、〇室温、〇湿度、〇皮膚感触の感じ方に注意する）
- □子どもの顔が見えるように「あお向け」に寝かせる
- □子どもにとって重たくない寝具を使う
- □寝返りしても、窒息しないように寝具等に配慮する
- □子どもの体にものが落ちたり・倒れてこない場所に寝かせる
- □ベッドの場合、子どもがベッドから落ちない工夫をする

⑩望ましい夜間睡眠時間を確保する

- □夜間睡眠時間が合計10時間以上になるよう就寝時刻を決める
- □寝る前の入眠儀式（決まりごと）を行う
- □夜の就寝時刻の1時間前までに入浴を終わらせる
- □昼寝は1日1回で、昼食後に2時間程度にする
- □午後の昼寝は15時までに済ませる。夕方寝をさせない

⑪寝る前の決まり事（入眠儀式）により、寝る時刻が来たことを子どもに理解させる

- □眠る1時間前から、強い光（室内灯・スマホ・タブレット・テレビなど）を見せない、興奮させる遊びや刺激を避ける、騒がしくしない
- □寝る前に、年齢に応じた穏やかな決まりごと（子守唄、絵本、ぬいぐるみ、おやすみの挨拶など）を習慣づける
- □添い寝授乳を避ける（寝つくための条件付けになるのを避ける）
- □寝つくために体を揺らすこと・散歩やドライブが必要な場合などは、眠るのが上手でない体質の可能性があるので、小児科医に相談する

⑫睡眠の途中で目覚めた時に関わり過ぎない

- □夜間睡眠中のオムツ替えは短時間で済ませる
  〇（寝室以外の明るい場所で）便を観察する
- □夜間に目覚めても5分間程度はそっと様子をみる
- □再入眠させるために授乳を利用しない
- □睡眠の途中で目覚めて、再入眠に20分以上かかったり、泣き続けることがあれば、小児科医に相談する

＊その他の健康チェック

- □子どものそばにタバコがない環境をつくる
- □子どもと視線が合いにくい場合、小児科医に相談する
- □意味のある単語がでない場合、小児科医に相談する
- □ひとり立ち、ひとり歩きが出来なければ、小児科医に相談する
- □指で小さいものをつかめない場合、小児科医に相談する

＊急性の病気が疑われる場合は、速やかに小児科医に相談する

- □不機嫌だったり、食欲が無くなったり、呼吸が苦しそうだったり、熱があったりなど急性の病気がありそうで、眠れない場合は、速やかに小児科医を受診する

した修正月齢で12箇条を運用する）

乳幼児の眠りを育てる12箇条	具体的な項目
①明暗（昼夜）リズムをつける	□昼は明るく賑やかな環境、夜は暗くて静かな環境をつくる（昼の目安は朝7時～19時、夜の目安は19時～翌朝7時） □昼間には優しく声をかけながら、子どもに積極的に関わる □夜の時間帯は子どもを興奮させない □夜間のオムツ替えでは、薄暗くて静かな環境を維持する
②眠る1時間前からは強い光を見せない	□リビングの照明を電球色（暖色系、色温度3000K以下）にする。または、リビングの照明を少し暗くする □タブレット・スマホ・テレビの光を見せない
③入浴は遅くとも眠る1時間前までに済ませる	□日中から夕方までに入浴させるのが望ましい
④規則的な生活をさせる（年齢に応じた入浴・起床・就寝・食事の時刻を決める）	□カーテンを開けて太陽の光で朝7時までに起こす □睡眠スケジュールを考えて、夜の就寝時刻を決める □入浴時刻を決める □食事の時刻を決める □時刻がズレても1～2時間程度におさまる生活をさせる
⑤日中に活動させる（遊ばせる）	□年齢に応じた遊びを取り入れる □タブレット・スマホ・テレビは2歳まで使わせない □2歳過ぎても、タブレット・スマホ・テレビの使用は1時間までにさせる □午前中に外遊びをさせている
⑥夜中、空腹にさせない（年齢に応じた対応をする）	□1日3回の食事のリズムをつける □夕食をしっかり食べさす □食事を妨げないように、補食を1日2回（午前と午後に1回ずつ）与える（補食は栄養補給であり、お菓子を与えることではない） □カフェインを与えない（3歳まで避ける）
⑦不安・緊張の少ない生活環境づくりに努める	□毎日同じような生活を繰り返さす □いつもと違うことは少しずつにする（変化は少しずつにする） □母親の睡眠・昼夜リズムの確保に努める □父親・家族に協力してもらう □昼間に、空腹でもないのに授乳を求める時、一緒に遊んだり、おもちゃを与えたり、楽しい音楽を聞かせたりして、授乳しないようにする □子どもをはげしく揺さぶらない
⑧寝るための専用スペースをつくる	□寝るための専用部屋、または専用場所を決める □寝るための専用空間で遊ばせない □寝るための専用空間にテレビ・スマホなどを置かない

19か月～3歳

（早産児では、出産予定日から計算

⑨寝るための専用スペースを安全・快適にする	□エアコン・暖房機・扇風機などの風が子どもに直接あたらないようにする □室温は冬期が20～25℃、夏期が26～28℃程度にする □湿度を50％程度に維持する □子どもの感覚（感じ方の個人差）に配慮する （○光、○音、○室温、○湿度、○皮膚感触の感じ方に注意する） □子どもの顔が見えるように「あお向け」に寝かせる □子どもにとって重たくない寝具を使う □寝返りしても、窒息しないように寝具等に配慮する □子どもの体にものが落ちたり・倒れてこない場所に寝かせる □ベッドの場合、子どもがベッドから落ちない工夫をする
⑩望ましい夜間睡眠時間を確保する	□夜間睡眠時間が合計10時間以上になるよう就寝時刻を決める □寝る前の入眠儀式（決まりごと）を行う □夜の就寝時刻の1時間前までに入浴を終わらせる □昼寝は1日1回で、昼食後に2時間程度にする □昼寝は15時までに済ませる。夕方寝をさせない
⑪寝る前の決まり事（入眠儀式）により、寝る時刻が来たことを子どもに理解させる	□眠る1時間前から、強い光（室内灯・スマホ・タブレット・テレビなど）を見せない、興奮させる遊びや刺激を避ける、騒がしくしない □寝る前に、年齢に応じた穏やかな決まりごと（子守唄、絵本、ぬいぐるみ、おやすみの挨拶など）を習慣づける □添い寝授乳を避ける（寝つくための条件付けになるのを避ける） □寝つくために体を揺らすこと・散歩やドライブが必要な場合などは、眠るのが上手でない体質の可能性があるので、小児科医に相談する
⑫睡眠の途中で目覚めた時に関わり過ぎない	□夜間睡眠中のオムツ替えは短時間で済ませる ○（寝室以外の明るい場所で）便を観察する □夜間に目覚めても5分間程度はそっと様子をみる □再入眠させるために授乳を利用しない □睡眠の途中で目覚めて、再入眠に20分以上かかったり、泣き続けることがあれば、小児科医に相談する
＊その他の健康チェック	□子どものそばにタバコがない環境をつくる □子どもと視線が合いにくい場合、小児科医に相談する □言葉の遅れがある、言葉の発音が悪そうな場合、小児科医に相談する □転びやすい、ものにぶつかりやすい場合、小児科医に相談する □かんしゃくがおこりやすい場合、小児科医に相談する □こだわりが強すぎる場合、小児科医に相談する
＊急性の病気が疑われる場合は、速やかに小児科医に相談する	□不機嫌だったり、食欲が無くなったり、呼吸が苦しそうだったり、熱があったりなど急性の病気がありそうで、眠れない場合は、速やかに小児科医を受診する

巻末補足

子どもに起こりうる睡眠障害には次のようなものがあります。簡単に解説します。

子どもに起こる主な睡眠障害

●不眠症

睡眠時間が不足し、日中の活動に支障をきたします。不機嫌・かんしゃく、不活発・動作緩慢、記憶力・注意力・意欲の低下、昼間の眠気、不規則な昼寝、学力低下、体力低下、怪我や骨折などを誘発します。原因としては、眠るのが上手でない体質と適切でない生活習慣が挙げられます。"ひどい夜泣き"は、乳幼児期に起こる慢性不眠障害です。

●睡眠時関連呼吸障害（睡眠時無呼吸症候群など）

睡眠中の呼吸異常症のため、睡眠の質が低下し、慢性の睡眠不足状態になります。睡眠中に、血液中の二酸化炭素濃度が上昇し、酸素濃度が低下し、息苦しくなって睡眠の途中で目覚めます。睡眠時間が確保されても、疲れがとれず、意欲・集中力・記憶力などが低下し、昼間に強い眠気に襲われます。

扁桃・アデノイドの肥大や肥満があり、口呼吸やイビキがあれば、この病気を疑います。また、下顎が小さく、睡眠中に喘鳴やイビキが強い場合もこの病気の可能性があります。睡眠中に7～10秒程度（成人では10秒以上）呼吸が止まることが何度も起こります。長期間持続すると、心血管異常・神経行動異常・成長障害が起こる危険性があります。

●概日リズム睡眠・覚醒障害

体内時計が乱れた慢性睡眠障害です。そのため、ホルモン分泌や自律神経のバランスが崩れ、睡眠の質が低下します。睡眠時間が長くとれても、熟眠感はなく、疲れが取れず、寝覚めが悪い睡眠です。不登校の原因にもなり、小学生・中学生・高校生でしばしば問題になります。眠れる時間帯が通常と異なり、遅寝遅起きの睡眠相後退型、眠れる時間帯が定まらない不規則睡眠・覚醒型などがあり、昼夜逆転する場合もあります。

原因は、体内時計の未熟さや脆弱性などの体質と適切でない生活習慣が挙げられます。適切でない生活習慣は、夜型生活の家庭環境、身体を動かす機会が減った生活環境、静かで暗くて快適な寝室が確保できない環境、習い事・部活動・塾などを頑張り過ぎて睡眠時間を削った場合、特定のものにのめり込み過ぎて睡眠時間を失った場合（ゲーム依存症など）、夏休みなどの長期休暇で夜更かし朝寝坊の習慣がついた場合、学校での居場所を失い日常生活が不規則になった場合、そしてこれらのいくつかが組み合わさった場合によってなるようです。

●過眠症

眠り過ぎる病気です。代表的なものにナルコレプシーがあります。昼間に場所や状況を選ばずに起こる、強い眠気発作が主な症状です。また、感情が高ぶったとき（笑ったり・喜んだりしたとき）、筋肉の力が抜ける脱力発作を伴い、倒れたり、膝の力が抜けたりすることがあります。15歳前後から発症することが多く、原因はオレキシン欠乏症です。

＊オレキシンは、脳内でつくられる生理活性物質のひとつで、覚醒を維持する働きと、気分や感情が高ぶったときに体の筋肉の緊張を適切に保つ働きがあります。

●睡眠時随伴症

眠っている間に起こる無意識の行動です。代表的なものに、夜驚症と遊行症（夢遊病）があります（第3章P.130参照）。入眠後1～3時間ころに、睡眠中に突然叫んだり、泣いたり、怒ったり、歩いたり、走り回ったり、階段を昇り降りしたりが1～10分間ほど続き、自然に治まり再び眠りにつく発作です。本人は何も覚えていないのが特徴です。深い眠りから突然に不完全な目覚めが起こる現象で、原因は不明です。特に治療を必要としませんが、発作時に怪我をしないような配慮が必要です。脳の機能が成熟する思春期過ぎまでには消失することが期待できます。規則的な生活リズムで適切な睡眠をとることにより、より早期に症状が消失するようです。

夜尿症（おねしょ）も睡眠時随伴症のひとつです。小学校入学以降も続く場合を問題にします。「夜尿アラーム療法」など治療法がいくつかありますが、その効果は個人差が大きいようです。多くの場合、脳と体の機能が成熟する思春期ころまでに自然に消失します。なお、尿回数が多く、尿量が多く、水分をたくさんとる場合は、尿崩症などの病気の可能性があります。小児科医に相談してください。

●睡眠関連運動障害

むずむず脚（あし）症候群（レストレスレッグズ症候群）が有名です（P.154参照）。主として下肢に不快な感覚が生じ、じっとしているとひどくなるので、下肢をこすり合わせたり、たたいたり、歩き回ったりして眠れなくなります。原因には諸説ありますが、明確ではありません。適切な睡眠により症状が軽快または消失することが期待できます。子どもでは注意欠如・多動症に伴うことがよくあります。睡眠障害や発達障害に詳しい小児科医に相談してください。

睡眠中の歯ぎしりは、歯や顎の筋肉・関節への影響が心配です。歯科医に相談してください。なお、子どもでは、成長過程で軽快・消失する場合が多いようです。

【参考資料】

（1） 授乳・離乳の支援ガイド（２０１９年改訂版）.「授乳・離乳の支援ガイド」改定に関する研究会. 厚生労働省子ども家庭局母子保健課. ２０１９年３月

（2） Louis J., et al. Sleep Ontogenesis Revisited: A Longitudinal 24-Hour Home Polygraphic Study on 15 Normal Infants During the First Two Years of Life. Sleep 20: 323-333. 1997.

（3） 睡眠障害国際分類　第3版、日本睡眠学会診断分類委員会訳. ライフ・サイエンス　2018

（4） Kocevska D., et al. The developmental course of sleep disturbance across childhood relates to brain morphology at age 7: the generation R study. Sleep 40: 1-9, 2017.

（5） Kheirandish-Gozal L., et al. Biomarkers of Alzheimer disease in children with obstructive sleep apnea: effect of adenotonsillectomy. Sleep 39: 1225-1232, 2016.

（6） Dionne G., et al. Associations between sleep-wake consolidation and language development in early childhood: a longitudinal twin study. Sleep 34: 987-995, 2011.

（7） Suzuki M., et al. Children' s ability to copy triangular figures is affected by their sleep-wakefulness rhythms. Sleep and Biological Rhythms 3: 86-91, 2005.

（8） Angriman M., et al. Sleep in children with neurodevelopmental disabilities. Neuropediatrics 46: 199-210, 2015.

（9） Bianconi, E., et al. An estimation of the number of cells in the human body. Annals of Human Biology. 2013, 40: 463-471.

（10） Roffwarg, HP., Muzio, JN., Dement, WC. Ontogenic development of the human sleep-dream cycle. Science. 1966, 152: 604-19.

（11） Trosman, I., Trosman, SJ., Sheldon, SH., Ontogeny of Sleep in Infants, Children, and Adolescents. Allergy and Sleep. 2019, 65-74.

(12) 八木田和弘: 細胞の時間：時計を止めた細胞の不思議: 時間生物学 2016, 22: 5-11.
(13) Kleitman N., Engelmann TG., Sleep characteristics of infants. J Appl Physiol 1953; 6: 269-82
(14) Paruthi S., et al. Recommended Amount of Sleep for Pediatric Populations: A Consensus Statement of the American Academy of Sleep Medicine. Journal of Clinical Sleep Medicine, 2016, 12:785-786.
(15) 佐々木由香: 記憶や学習と睡眠: 医学のあゆみ 2017, 263 : 747-753.
(16) Jeffrey J. Iliff, et al. A Paravascular Pathway Facilitates CSF Flow Through the Brain Parenchyma and the Clearance of Interstitial Solutes, Including Amyloid β. Sci Transl Med. 2012 August 15; 4 (147): 147ra111. doi:10.1126/scitranslmed.3003748.
(17) Leila Kheirandish-Gozal, et al. Biomarkers of Alzheimer Disease in Children with Obstructive Sleep Apnea: Effect of Adenotonsillectomy. SLEEP 2016, 39:1225-1232.
(18) 健康づくりのための睡眠指針2014: 厚生労働省健康局　平成26年3月
(19) 谷田貝公昭、高橋弥生: 第3版データでみる幼児の基本的生活習慣　一藝社　２０１６
(20) Tosini G, et al. Effects of blue light on the circadian system and eye physiology. Molecular Vision 2016; 22: 61-72.
(21) Human and environmental effects of light emitting diode (LED) community lighting: Report of the Council on Science and Public Health, American Medical Association 2016
(22) LED照明の生体安全性に関する特別研究委員会報告書　LED照明の生体安全性について－補足資料　一般社団法人照明学会　平成26年11月
(23) Borbely AA. A Two process model of sleep regulation. Hum Neurobiol 1982; 1:195-204.
(24) Hutton JS, et al. Associations between screen-based media use and brain white matter integrity in preschool-aged children. JAMA Pediatr 2020; 174（1）: e193869
(25) 日本小児科医会「子どもとメディア」対策委員会: 「子どもとメディア」の問題に対する提

言．２００４
(26) AAP Council on communication and media. Media and young minds. Elk Grove Village, IL: American Academy of Pediatrics, 2016.
(27) World Health Organization. WHO Guidelines on physical activity, sedentary behaviour and sleep for children under 5 years of age. Geneva, Switzerland: World Health Organization; 2019.
(28) 東京都福祉保健局　健康・快適居住環境の指針（平成28年度改訂版）
(29) 日本睡眠学会編．臨床睡眠検査マニュアル（改訂版）．ライフ・サイエンス社２０１５年9月
(30) 日本睡眠学会監訳．米国睡眠医学会による睡眠および随伴イベントの判定マニュアル．ルール、用語、技術使用の詳細．VERSION 2.3.　ライフ・サイエンス社　２０１７年2月
(31) Louis J, et al. Sleep in children. Sleep ontogenesis revisited: a longitudinal 24-hour home polygraphic study on 15 normal infants during the first two years of life. Sleep 1997; 20:323-333.
(32) Trosman I, et al. Ontogeny of sleep in infants, children, and adolescents. Fishbein A and Sheldon SH eds. Allergy and Sleep, pp65-74, Springer Nature Switzerland AG 2019.
(33) 黒川嘉子．乳幼児の就眠時行動に関する理論的考察：狭義の移行対象論から自己調節論へと視点をうつして．京都大学大学院教育学研究科紀要　1999; 45: 342-352.
(34) Touchette Ē, et al. Factors associated with fragmented sleep at night across early childhood. Arch Pediatr Adolesc Med. 2005;159:242-249.
(35) Altmann T. and Hill DL. (eds.) Caring for your baby and young child: Birth to Age 5, 7th ed., American Academy of Pediatrics, 2019.
(36) Accardo J. F. ed. Sleep in Children with Neurodevelopmental Disabilities. An Evidence-Based Guide. Springer, 2019.
(37) Werner H., et al. The Zurich 3-step concept for the management of behavioral sleep disorders in Children: A before-and-after study. J Clin Sleep Med 2015; 11:241-249.

（38）羽山順子等. 小児の睡眠問題に対する行動科学的アプローチ. 久留米大学心理学研究 2011: 10: 150-158.
（39）Adachi Y., et al. A brief parental education for shaping sleep habits in 4-month-old infants. Clinical Medicine & Research 2009; 7:85-92.
（40）日本小児歯科学会 日本人小児における乳歯・永久歯の萌出時期に関する調査研究. 小児歯科学雑誌1988; 26:1-18.
（41）弘中祥司. 小児の食べる機能の発達と障害 国際歯科学士会日本部会雑誌2018; 49:31-36.
（42）明和政子. ヒトの発達の謎を解く－胎児期から人類の未来まで. ちくま新書. 筑摩書房 ２０１９年10月
（43）Oike H., et al. Caffeine lengthens circadian rhythms in mice. Biochem Biophys Res Commum. 410: 654-658, 2011.
（44）食品中のカフェインについて情報提供するためのファクトシート. 農林水産省 食品安全委員会. 平成23年３月
（45）日本人の食事摂取基準（２０２０年版）. 厚生労働省 「日本人の食事摂取基準」策定検討会、令和元年12月
（46）Miyauchi M., et al. The Solar Exposure Time Required for Vitamin D3 Synthesis in the Human Body Estimated by Numerical Simulation and Observation in Japan. J Nutr Sci Vitaminol. 59: 257-263, 2013.
（47）日経サイエンス編集部. 認知科学で探る 心の成長と発達. 別冊日経サイエンス２３２. 日経サイエンス社. ２０１９年４月
（48）子どもの体験活動の実態に関する調査研究 中間報告（改訂版）. 独立行政法人国立青 少年教育振興機構 平成22年７月
（49）Takeuchi H., et al. Impact of videogame play on the brain's microstructural properties : cross-sectional and longitudinal analyses. Molecular Psychiatry. 21:1781-1789, 2016.

菊池　清（きくち・きよし）

福岡県生まれ。1977年3月京都大学医学部医学科卒。医学博士。現兵庫県立リハビリテーション中央病院子どものリハビリテーション・睡眠・発達医療センター長。倉敷中央病院、京都大学医学部附属病院、島根大学医学部附属病院、島根県立中央病院で小児科医として勤務。この間、1989年〜1992年にワシントン大学（米国、セントルイス）で成長因子の研究に従事。日本初の夜泣き外来を2018年に立ち上げる。全国から夜泣きに悩む親子が受診に訪れている。日本小児科学会認定小児科専門医、日本内分泌学会認定内分泌代謝科（小児科）専門医、日本感染症学会推薦インフェクションコントロールドクター、ドクターオブドクターズネットワーク認定優秀専門臨床医、成長科学協会地区委員、日本睡眠学会会員。第一種放射線取扱主任者。前島根県立中央病院病院長。

カバー・紙面デザイン　：大倉 真一郎
カバーイラスト・本文アイコンイラスト　：とんぼせんせい
本文図版作成　：祖田 雅弘、かわのよしこ
DTP　：okumura printing
編集協力　：Edu-aid from the outside、吉岡なみ子

夜泣きが止まる本　子どもも親も毎日ぐっすり眠れる！

2020年７月３日　初版第１刷発行
2020年12月22日　初版第２刷発行

著　者　菊池 清（きくち・きよし）

発行者　青田 恵

発行所　株式会社風鳴舎
〒170-0005　豊島区南大塚2-38-1 MID POINT 6F
（電話03-5963-5266／FAX03-5963-5267）

印刷・製本　奥村印刷株式会社

ISBN978-4-907537-26-5　C0077
Printed in Japan

風鳴舎の本

園児と楽しむはじめてのおもしろ実験12ヵ月

川村康文、小林尚美 著

日本初の幼児向け楽しい実験本。東京理科大の物理の先生と保育園園長がタッグを組みました。月ごと季節ごとに楽しめ、科学への興味と理系脳を育む本。

122ページ／オールカラー／B5変／ISBN978-4-907537-21-0

本体1,500円＋税

パパ、ママ、あのね・・モンテッソーリからの11の贈り物

マリア・モンテッソーリ 著／AMI友の会NIPPON 監訳

モンテッソーリの書庫から発見された、モンテッソーリが初めて親向けに書いたメッセージ本。初翻訳。子育てのヒントは子どもが教えてくれる・・・

148ページ／オールカラー読み物／A5変／ISBN978-4-907537-22-7

本体価格1,300円＋税

風鳴舎(ふうめいしゃ)の本

風鳴舎（ふうめいしゃ）の本